101

DISHES TO EAT BEFORE YOU DIE

Stefan Gates

Bath · New York · Singapore · Hong Kong · Cologne · Delhi
Melbourne · Amsterdam · Johannesburg · Auckland · Shenzhen

Copyright © Parragon Books Ltd

LOVE FOOD is an imprint of Parragon Books Ltd
Text und Idee: Stefan Gates
Projektleitung: Faye Lloyd
Lektorat: Fiona Biggs
Layout: Andrew Easton/Ummagumma
Fotografien: Mike Cooper
Food styling: Lincoln Jefferson

Copyright © für die deutsche Ausgabe
Parragon Books Ltd
Queen Street House
4 Queen Street
Bath BA1 1HE, UK

LOVE FOOD and the accompanying heart device is a registered trade mark of Parragon Books Ltd in Australia, the UK and the EU

Realisation der deutschen Ausgabe: trans texas publishing, Köln
Übersetzung: Lisa Voges, Köln
Lektorat: Gundula Müller-Wallraf, München

ISBN 978-1-4454-0580-3
Printed in China

HINWEIS

Sofern die Schale von Zitrusfrüchten benötigt wird, verwenden Sie unbedingt unbehandelte Früchte. Sind Zutaten in Löffeln angegeben, ist immer ein gestrichener Löffel gemeint: Ein Teelöffel entspricht 5 ml, ein Esslöffel 15 ml. Sofern nicht anders angegeben, wird Vollmilch (3,5% Fett) verwendet. Es sollte stets frisch gemahlener schwarzer Pfeffer verarbeitet werden. Bei Eiern und einzelnen Gemüsesorten, z. B. Kartoffeln, verwenden Sie mittelgroße Exemplare.

Kinder, ältere Menschen, Schwangere, Kranke und Rekonvaleszenten sollten auf Gerichte mit rohen oder nur leicht gegarten Eiern verzichten. Die angegebenen Zeiten können von den tatsächlichen leicht abweichen, da je nach verwendeter Zubereitungsmethode und vorhandenem Herdtyp Schwankungen auftreten.

BILDNACHWEIS

Der Verlag bedankt sich bei folgenden Personen und Institutionen für die Bildrechte:
Corbis 191
Stock Food 70, 73, 173, 179, 253
Stefan Gates 9, 36, 41, 47, 115, 157, 158, 159, 161, 163, 165, 167, 169, 170, 175, 176, 177

Inhalt

Danksagung

Welchen Kochbuchautor und Koch der Welt würde es nicht reizen, ein Buch mit einem so spannenden, furchtbaren und unglaublich überheblichen Titel wie diesem zu schreiben? Tausend Dank also an die wunderbaren Parragon-Damen Vickie Voss und Faye Lloyd dafür, dass ich es war, der dieses Buch schreiben durfte, und dafür, dass sie mir erlaubt haben, auch ein paar wüstere Gerichte darin aufzunehmen, bei denen ein weniger gestandener Verlag vielleicht abgewunken hätte. Außerdem möchte ich meiner Agentin Borra Garson danken, die mir so vieles ermöglicht.

Die wahren Kochhelden auf dieser Welt sind die Milliarden von normalen Köchen, die Mütter und Väter, Freunde und Familienmitglieder, die mit ihren Kochkünsten tagtäglich Liebe vermitteln und viele der tollen Gerichte in diesem Buch bestimmt lange vor mir entdeckt haben. Abgesehen davon könnte ich all den brillanten Autoren, Journalisten, Köchen und Küchenchefs, von denen ich gelernt, entlehnt und aufgesogen habe, nie genug danken. Deshalb verneige ich mich einfach ganz allgemein vor ihrer großen Kunst. Der Meister ist für mich aber nach wie vor Jean Anthelme Brillat-Savarin, auch wenn seine *Physiologie des Geschmacks* relativ wenige Rezepte enthält. Der Mann war ein Genie und verstand schon früh, dass Essen ebenso viel mit Abenteuer zu tun hat wie mit Ernährung.

Ein dicker, fetter Schmatz geht an meine Mädels Georgia, Daisy und Poppy, denen es während meiner Arbeit an diesem Buch auf jeden Fall wesentlich besser ging als allen anderen. Widmen möchte ich dieses Buch meinem Vater Eric Gates, der mich durch seine offene, liebenswürdige und stets neugierige Art dazu inspiriert hat, jedes Nahrungsmittel auf diesem Planeten zu probieren.

Trüffeln und Tränengas

Also, wie komme ich überhaupt dazu, eine so bedeutende Auswahl wie die ultimative Liste der 101 Gerichte, die man im Leben unbedingt einmal gegessen haben sollte, zu treffen? Nun, die Frage ist berechtigt. Ich glaube, ich sollte Ihnen ein bisschen was über mich erzählen.

Im Grunde bin ich ein Essensabenteurer. Falls Sie das für einen merkwürdigen Beruf halten, haben Sie recht, und ich habe keine Ahnung, wie ich es geschafft habe, meine Faszination für Essen zum Beruf zu machen. Schon als kleines Kind habe ich für mein Leben gern mit meinem Essen herumgespielt, und das einzige Spielzeug, von dem ich mich nicht trennen konnte, war ein ramponierter, kleiner schwarzer Topf. Inzwischen bin ich erwachsen, und wann immer die Leute, die Kochbücher und Fernsehsendungen machen, jemanden brauchen, der sich auf kulinarische Abenteuer einlässt und versucht, die Welt über das, was die Menschen essen, zu verstehen, rufen sie mich an. Ich finde es toll, dass ich dafür bezahlt werde, mit meinem Essen zu spielen.

In meinem Buch *Der Gastronaut* habe ich mich vom Kannibalismus bis zum letzten Abendmahl mit diesem Thema beschäftigt. Nahrung hat Form. Sie hat emotionale, kulturelle und historische Bedeutung. Sie war Grund für Kriege, wurde als politisches oder religiöses Werkzeug genutzt und ist charakteristisches Merkmal ganzer Gesellschaften. Das fasziniert mich.

Ich koche nicht nur mit den besten, leckersten Nahrungsmitteln der Welt und schreibe darüber, sondern verbringe auch ziemlich viel Zeit mit dem Dreh von Fernsehserien wie *Kochen am Krisenherd*, für die ich um die Welt reise und herausfinde, wie die Menschen an den gefährlichsten, ungemütlichsten Orten der Welt essen, kochen und überleben. Klar bedeutet das nicht nur Spaß und Genuss: Ich habe schon viel Zeit in Kriegsgebieten und Flüchtlingslagern verbracht. Ich wurde über die burmesische Grenze geschleust, um dort mit Karen-Rebellen im Dschungelcamp zu leben. Ich wurde beschossen und habe jede Menge Tränengas abbekommen. Und ich habe mehr Lebensmittel probiert als jeder andere, den ich kenne.

Meine Suche nach ungewöhnlichem Essen hat mich abseits der üblichen Michelin-Stern-dekorierten, trüffelgespickten Restaurants und Märkte von Paris bis Mexiko in ein paar der entlegensten Ecken der Welt geführt. Ich habe frisches Ziegenblut in Äthiopien, verstrahlten

Borschtsch in Tschernobyl, gammeliges Walross in der Arktis, Schlammkuchen in Haiti, Yak-Penis in China, Seegurkengedärm in Südkorea und Rohrratte in Kamerun probiert. Ich habe mit Zutaten wie Rasierwasser experimentiert, Hunde- und Hühnerfutter gekostet und Schleim gekocht. Erst gestern habe ich für einen Freund in Knoblauchbutter angebratene Lammhoden gemacht (schmeckt super, aber nicht gut genug, um in diesem Buch aufzutauchen), und irgendwann einmal habe ich versucht, ein paar Regenwürmer aus dem Garten zu braten (knusprig, aber leider ziemlich fad).

Was das mit den 101 Gerichten, die man unbedingt einmal gegessen haben sollte, bevor man stirbt, zu tun hat? Mir ist klar geworden, dass ich die schlimmsten, verrücktesten und wundervollsten Sachen der Welt essen musste, um halbwegs glaubwürdig zu sein.

Deshalb umfasst meine Liste nicht einfach die 101 leckersten Gerichte der Welt – auch wenn die meisten sicher dazugehören. Einige stehen hier, weil sie in sich kleine Dramen („Spektakulär") darstellen, jahrhundertealte Kulturgeschichte widerspiegeln („Klassiker aus aller Welt") oder „Fleisch gewordener" Ausdruck von Liebe und Fürsorge („Seelennahrung") sind. Einige Gerichte (und ich finde die allerbesten!) stehen hier, weil sie außergewöhnlich, überraschend oder einfach nur unvergesslich sind.

Stefan

Was ist in diesem Buch?

Ich muss ein Geständnis machen: Das meiste Material in diesem Buch habe ich vermutlich geklaut (nicht in böser Absicht). Ich glaube nur, dass es schier unmöglich ist, ein völlig neues Rezept zu erfinden angesichts der Milliarden von Menschen, die für zwei oder drei Mahlzeiten am Tag bereits mit jeder essbaren Substanz experimentiert haben, seit man vor 1,9 Millionen Jahren das Feuer in den Griff bekam und mit dem Kochen begann (dadurch verbesserte sich das Essen schlagartig!).

Deshalb ist jedes Kochbuch, ob Ladenhüter oder Bestseller, nichts anderes als eine Sammlung von Meisterleistungen der brillantesten Köche, Bauern, Alchemisten, Autoren und Esser seit der Geburt des Kochens. Schon klar, wir Kochbuchautoren entwickeln weiter, überarbeiten und testen. Wir versuchen, originell und inspiriert zu sein und dem Ganzen Bedeutung und Sinn einzuimpfen. Aber in Wirklichkeit schreiben wir nur das Beste früherer Generationen ab. Ich finde das toll!

Dieses Buch zieht einfach eine Linie in den Treibsand der globalen Küche und greift 101 Gerichte heraus, von denen ich denke, dass Sie sie im Laufe Ihres Lebens unbedingt einmal versuchen sollten. Zu jeder dieser Speisen werde ich Ihnen meine Gründe für die Auswahl und so viele Informationen, wie auf die Seite passen, geben. Essen ist für mich ein Weg zu Erleuchtung und Freude, ein Abenteuer, das Sie in Ihren eigenen, sicheren vier Wänden erleben können, und ich mag Gerichte, zu denen eine Geschichte gehört.

101 Dishes to eat before you die ist in vielerlei Hinsicht ein Sammelband des guten Essens, und wie beim Lesen eines Gedichtbands werden Sie die sinnliche Erfahrung noch stärker genießen, wenn Sie etwas über die Hintergründe, Geschichte(n) und Entstehung der einzelnen Speisen wissen. Ich hoffe, dass meine Informationen Ihnen helfen werden, die Gerichte zu verstehen.

Die Rezepte in diesem Buch sind nur in wenigen Fällen besonders raffiniert oder perfekt präsentiert. Abgesehen von denen im Kapitel „Teuer" gibt es wenige Gerichte, die man sich nicht jeden Tag leisten könnte, und nur wenige erfordern mehr als Küchengrundkenntnisse und eine Leidenschaft für gutes Essen. Ich halte nicht viel davon, Sterne-Gerichte zu Hause nachzukochen – wer hat schon die nötige

Ausrüstung oder ein Publikum dafür? Ganz selten esse ich mal ein schickes 3-Sterne-Menü, genieße es dann allerdings sehr. Falls Sie einmal im Leben ein Vermögen für das beste Essen ausgeben wollen, das ein Restaurant zu bieten hat, besuchen Sie Heston Blumenthals Fat Duck in Bray vor den Toren Londons und erleben Sie eine unvergleichliche Sinnesreise. Hestons Essen ist geradezu übernatürlich gut, manchmal dramatisch (etwa Grüntee-Mousse in Flüssigstickstoff), manchmal fast komisch (Räucherlachs-Rührei-Eiscreme). In diesem Buch suchen Sie Fat-Duck-artige Gerichte allerdings vergeblich.

Dieses Buch soll nachvollziehbar und kochfreundlich, gleichzeitig aber auch ungewöhnlich und inspirierend sein. Es ist gar nicht schwer, diese Balance zu finden, weil so viele der besten Gerichte der Welt so lächerlich einfach sind, dass sie kaum als Rezepte durchgehen. Was sie so grandios macht, ist häufig die liebevolle Verarbeitung durch Fischer, Gemüsebauern oder Käsemacher.

Ich gebe gern zu, dass es zwei Kapitel gibt, die mir besonders am Herzen liegen: Unter „Perfekt" finden Sie meine zehn ganz persönlichen Leibgerichte. Sie regen mich an oder beruhigen mich wie nichts anderes. Die Gerichte im Kapitel „Spektakulär" liebe ich, weil es einfach Spaß macht, sie zu essen.

Mir ist durchaus klar, dass es eine Handvoll Speisen gibt, die nur ganz wenige von Ihnen jemals probieren werden, schon weil die Zutaten schwer aufzutreiben oder aber sehr abschreckend sind. Trotzdem hoffe ich, dass meine Geschichten und Beschreibungen Ihre Abenteuerlust in der Küche ein wenig anregen werden.

Aber jeder Mensch ist anders, und auch beim Essen haben wir natürlich alle unsere Vorlieben, Abneigungen und Vorurteile. Über jede Liste von 101 Gerichten, die man auf jeden Fall einmal gegessen haben sollte, lässt sich diskutieren. Wenn Sie finden, ich hätte etwas furchtbar Wichtiges vergessen, oder glauben, ein Rezept erfunden zu haben, das in den letzten 1,9 Millionen Jahren noch niemand vor Ihnen zubereitet hat, schreiben Sie mir. Aber Achtung: Vielleicht stehe ich eines Tages mit Messer und Gabel vor Ihrer Tür und will Beweise!

1. Perfekt

Perfekt

Hier habe ich die zehn Gerichte zusammengestellt, die ich am allerliebsten mag – meine großen 10. Wenn Sie diese zehn vermischen und in ein Blumenbeet pflanzen würden, könnten Sie dort nach ein paar Tagen bestimmt einen kleinen Stefan wachsen sehen, der fragt, was es zum Mittagessen gibt. Der Grund meiner Begeisterung für diese Gerichte ist eine Mischung aus magischen, emotionalen und persönlichen Gründen, die nur schwer festzumachen sind. Deshalb verwende ich hier den Superlativ „Perfekt".

Das hier sind die Gerichte, die mich zu dem machen, der ich bin, angefangen bei meinem allerliebsten Leibgericht *Rindfleisch-Carpaccio*. Normalerweise mache ich es mir, wenn ich gerade von einer Reise an einen entlegenen, gefährlichen Ort zurückgekommen bin. Es hilft mir, zu all den Dingen zurückzufinden, die ich liebe. Üblicherweise bereite ich es in aller Ruhe, gern auch allein in meiner Küche zu, voller Vorfreude darauf, es später zusammen mit meiner Frau zu genießen. Es ist wie eine warme, anerkennende Umarmung. Sorry, wenn sich das ein bisschen pathetisch und sentimental anhört, aber Sie haben bestimmt auch ein Lieblingsessen, das Gefühle aus unergründlichen Tiefen heraufbefördert. Das ist es, was ich am Essen liebe: Es kann tiefe, echte Emotionen auslösen.

Einige der Gerichte hier sind „Perfekt", weil sie so ausgewogen sind. *Feigen & Ziegenkäse* oder *Salat aus gerösteten roten Paprika* mag ich besonders, weil ich diese beiden Gerichte oft in Südfrankreich für meine Freunde gemacht habe, aber auch, weil die Kombinationen einfach außergewöhnlich sind. *Jakobsmuscheln auf Erbspüree* ist vielleicht die perfekteste Zusammenstellung von Texturen und Aromen, die ich je gegessen habe – eine Reise der Sinne, bei der es mir vor Glück manchmal die Tränen in die Augen treibt. Jetzt werde ich wieder gefühlsduselig. Aber lachen Sie nicht: So ist es einfach!

Einige der folgenden Gerichte sind lebensbereichernde Spektakel, die schon für so viel Spaß und Gelächter gesorgt haben, dass es eine Sünde wäre, sie hier nicht aufzuführen. Die *Krebs-und-Stein-Party* ist so ein Gericht. Hier liegen Fest und Aufstand dicht beieinander. Meeresfrüchte habe ich immer als romantisch empfunden. Ich glaube, ich habe sie noch nie gegessen, ohne das Gefühl zu haben, in einem Film zu sein, in dem gleich etwas ganz Wunderbares (und leicht Frivoles) passiert.

Knusprige Spareribs machen mich aus ganz einfachen Gründen glücklich: Das Gericht ist unkompliziert, günstig und einfach zuzubereiten und doch spektakulär und unglaublich lecker. Es ist ein wunderbares Partyessen, weil man es leicht auch in größeren Mengen machen kann, ohne gleich die Oma anzupumpen. Und meine Kinder lieben es, die Knochen abzunagen. *Tokio-Sushi* steht in diesem Kapitel, einfach weil ich es in solchen Mengen verdrücke, dass ich es nicht wirklich weglassen kann.

Ich sehe ein, dass Essen und persönliche Erfahrungen subjektiv und relativ sind und dass das Lieblingsgericht des einen den anderen völlig kaltlässt. Aber ich glaube fest daran, dass die Gerichte in diesem Kapitel auch Ihr Leben schöner und glücklicher machen werden.

① Rindfleisch-Carpaccio

Es muss einmal gesagt werden: Rindfleisch-Carpaccio ist mein absolutes Leibgericht. Wenn ich es esse, ist die Welt für mich in Ordnung. Bei meiner Arbeit verbringe ich ziemlich viel Zeit an weniger schönen Orten und entdecke dabei wunderbare, häufig aber auch gruselige Speisen. Dieses marinierte, rohe Rindfleisch esse ich immer, wenn ich zurück nach Hause komme, weil es das Gegenteil all dessen ist: Es ist raffiniert, sündteuer und köstlich. Dafür wurden Rinder geschaffen!

Sie sollten das beste gut abgehangene Stück Rinderfilet kaufen, das Sie sich leisten können. Sagen Sie dem Metzger, dass Sie Carpaccio machen möchten. Wenn Ihr Metzger so ist wie meiner, wird er dann leuchtende Augen bekommen und Ihnen ein besonders feines Stück aussuchen – schließlich beweisen Sie ihm Ihr volles Vertrauen, indem Sie sein bestes Fleisch roh essen.

In den meisten Restaurants wird das Rindfleisch einfach nur gefroren und dann in fast durchsichtig dünne Scheiben geschnitten. Tun Sie das bitte nicht! Lassen Sie das Fleisch nur kurz im Gefrierfach anfrieren. Drücken Sie es dann mit der flachen Seite eines Kochmessers platt, damit es zart wird, ohne seine Textur zu verlieren.

Als „Carpaccio" bezeichnet man mittlerweile alle Gerichte, die roh in dünnen Scheiben serviert werden (auch Schwertfisch oder Ananas, siehe Seite 245). Eigentlich kommt der Name aber von der tiefroten Farbe des Fleisches, die der venezianische Renaissancemaler Vittore Carpaccio verwendete. Das Gericht „Carpaccio" wurde in der legendären *Harry's Bar* in Venedig erfunden, wo es mit einer Zitronenmayonnaise serviert wird. Allerdings schmeckt meine Version viel, viel besser.

Vittore Carpaccio

Vittore Carpaccio (1460–1525) war ein bedeutender, inzwischen allerdings in Vergessenheit geratener Maler der frühen venezianischen Schule. Er malte mit reichlich Rot, das heute meist zu fahlem Rosa verblasst ist. Eine Ausnahme ist sein Bild *Die Vision des heiligen Augustinus*, das dem Betrachter immer noch ein sattes, beinahe wütendes Zinnoberrot entgegenwirft.

Zutaten

Für 6 Personen als großzügige Vorspeise

500 g Rinderfilet vom dünnen Ende
200 ml natives Olivenöl extra
Salz und Pfeffer
40 g Pinienkerne
200 g Rucola, plus einige Blätter mehr
zum Garnieren
25 g Parmesan
2 TL Trüffelöl
Krustenbrot, zum Servieren

*Dazu passt:
ein sehr heller
Roséwein*

Zubereitung

Das Rinderfilet 1 Stunde vor der Zubereitung zum Anfrieren ins Gefrierfach geben, damit es sich leichter schneiden lässt. Das Fett entfernen und das Filet in möglichst dünne Scheiben schneiden.

Eine Filetscheibe auf ein Schneidebrett legen und mit der flachen Seite eines Kochmessers mit festem Druck mehrmals darüberstreichen, dabei möglichst wenig an der Scheibe ziehen. Auf diese Weise wird das Fleisch nicht nur dünner, sondern auch zarter. Mit den anderen Filetscheiben ebenso verfahren.

Einen Olivenölspiegel auf einen großen Teller gießen und eine Lage Filetscheiben darauflegen. Leicht salzen und pfeffern und mit etwas Öl beträufeln. Den Vorgang wiederholen, bis alle Filetscheiben gewürzt sind. Mit Frischhaltefolie abdecken und im Kühlschrank 30 Minuten bis 2 Stunden marinieren. Inzwischen die Pinienkerne in einer Pfanne bei mittlerer Hitze trocken rösten, bis sie leicht gebräunt sind. Beiseitestellen.

Vor dem Servieren den Rucola auf sechs Servierteller verteilen. Die Filetscheiben auf dem Rucola anrichten. Mit den Pinienkernen bestreuen und den Parmesan mithilfe eines Sparschälers darüberhobeln. Mit Rucolablättern garnieren, mit etwas Trüffelöl beträufeln und mit Krustenbrot servieren.

②Jakobsmuscheln auf Erbspüree

Dieses Gericht vereint auf seltene und wunderbare Weise ganz verschiedene Texturen und Aromen. In der Pfanne gebratene Jakobsmuscheln sind außen erstaunlich kross und leicht karamellisiert, innen aber samtig und weich. Angerichtet werden sie auf einem Bett aus Erbspüree, das ehrlich und klar schmeckt. Das ist eine im Himmel geschlossene Ehe und sieht fantastisch aus. Dazu ist dieses Gericht lächerlich einfach in der Zubereitung.

Jakobsmuscheln gehören wie Krebs oder Hummer zu jenen Zutaten, die leicht und sauber schmecken, dabei aber ziemlich sättigend sind. Kaufen Sie die größten, frischesten Muscheln, die Sie kriegen können, aber tischen Sie pro Person nicht zu viele Muscheln auf, sonst verlieren sie ihren Reiz. Weniger ist mehr!

Kommen Sie bloß nicht auf die Idee, das Gericht aufzumotzen. Eine Spezialzutat dürfen Sie allerdings ergänzen: eine Scheibe gebratene Blutwurst unter jede Jakobsmuschel. Hört sich verrückt an, was? Blutwurst wirkt ja eher grob und plump. Aber wenn sie auf die Reinheit der Jakobsmuschel trifft, passiert etwas ganz Sonderbares, fast Magisches. Das ist wie bei Richard Gere und Julia Roberts in *Pretty Woman* oder Rex Harrison und Audrey Hepburn in *My Fair Lady*. Manche Paare sind einfach füreinander bestimmt.

Wussten Sie, dass Jakobsmuscheln schwimmen können?

Jawoll, ich habe es mit eigenen Augen gesehen. Wenn man sie vom Meeresboden aufscheucht, bewegen sie sich mit erstaunlicher Geschwindigkeit (na ja, allemal erstaunlich für ein Schalentier), indem sie ihre Schalenhälften sehr schnell öffnen und schließen. Das machen sie mit ihren Schließmuskeln — dem Teil, den wir so lecker finden. Damit sind sie die einzigen Muscheln, die sich wirklich fortbewegen können.

Ob die Jakobsmuschel wusste, in welche Richtung sie schwamm, als sie sich davonmachte? Tatsächlich haben Jakobsmuscheln viele kleine Augen mit Retina, beim Schwimmen gucken sie allerdings immer nur rückwärts. Die meisten Schalentiere können Schatten wahrnehmen, aber nur wenige sind so hoch entwickelt wie die Jakobsmuschel. Außerdem sind sie Zwitter — aber das ist eine ganz andere Geschichte.

Zutaten

Für 4 Personen als Hauptgericht (eine perfekte Portion, wenn Sie eine Vorspeise serviert haben). Nur so am Rande: Jakobsmuscheln zu braten, mag zwar etwas sonderbar klingen, aber glauben Sie mir, es schmeckt super!

675 g Tiefkühl-Erbsen

2 Handvoll frische Minzeblätter, grob gehackt

160 g Butter

Salz und Pfeffer

12 dicke Jakobsmuscheln, ausgelöst, wenn möglich mit Rogen

Olivenöl, zum Beträufeln

Zubereitung

In einem großen Topf Wasser zum Kochen bringen. Die Erbsen hineingeben, das Wasser erneut aufkochen, und die Erbsen 3 Minuten köcheln lassen. Die Erbsen abtropfen lassen und mit Minze, zwei Dritteln der Butter und einer großzügigen Prise Salz im Mixer zu einem glatten Püree verarbeiten. Falls das Püree zu fest wird, zum Auflockern etwas heißes Wasser einarbeiten. Mit Salz und Pfeffer abschmecken und abgedeckt warm halten.

Die Jakobsmuscheln trocken tupfen, dann großzügig salzen und pfeffern. Die restliche Butter in einer großen Pfanne bei starker Hitze zerlassen. Wenn die Butter zu rauchen beginnt, die Muscheln darin 1–2 Minuten (auf keinen Fall länger!) von jeder Seite scharf anbraten. Sie sollten außen braun und knusprig, innen feucht und glasig sein. Vom Herd nehmen.

Das Erbspüree auf vier vorgewärmte Servierteller geben und die Jakobsmuscheln darauf anrichten. Mit etwas Olivenöl beträufeln, mit Salz und Pfeffer bestreuen und sofort servieren.

Dazu passt: ein kräftiger weißer Burgunder

③ Tokio-Sushi

Für Fisch kann ich mich begeistern wie andere Leute für Kunst. Manche werden niemals den Tag vergessen, an dem sie zum ersten Mal einen Canaletto, Rothko oder Turner gesehen haben. Das Bild, das für immer in meinem Kopf eingebrannt sein wird, zeigt einen kleinen Fischladen, in dem ein ganzer Korb lebender Seespinnen ausbüxte und über eine exquisite Auswahl frischer Fische krabbelte.

Oft kaufe ich bei meinem Fischhändler einen Fisch, der besonders frisch aussieht. Zu Hause zelebriere ich dann regelrecht das Säubern und Filetieren, richte ihn einfach auf weißen Tellern an und serviere ihn mit einer Schale Sushi-Reis.

Ich dachte immer, dass dieses Zackzack-Sashimi meine ganz persönliche Variante sei, aber als ich zum ersten Mal in Tokio war, stellte ich fest, dass die Japaner es häufig so essen. Man muss nicht mühsam Maki-Rollen oder Nigiri basteln, um in den göttlichen Genuss von feinem, superfrischem rohem Fisch zu kommen. Wichtig ist nur, dass der Fisch wirklich beste Qualität ist – und das geht oft ganz schön ins Geld. Und noch ein Tipp: Frieren Sie gekochten Sushi-Reis niemals ein. Dadurch verliert er nämlich seine wunderbare Konsistenz. Servieren Sie ihn auf Zimmertemperatur.

Der beste Fisch für Sushi

Makrele ist ein wunderbarer Sushi-Fisch und einer meiner liebsten. Vergewissern Sie sich, dass der Fisch ganz frisch und weder zu groß noch zu klein ist. Das erleichtert das Entgräten. Ich empfehle Jakobsmuscheln (hört sich komisch an, ich weiß aber, sie sind einfach gut). Makrele (billig und reich an gesunden Fettsäuren), Lachs, Wolfsbarsch und Red Snapper.

Zutaten

Für 4 Personen als Hauptgericht

330 g Sushi-Reis

1 kreditkartengroßes Stück Kombu-Alge (nach Belieben)

800 g gemischte extrafrische Fischfilets, z. B. von Wildlachs, Wolfsbarsch, Makrele, Red Snapper oder Thunfisch (bitten Sie Ihren Fischhändler, den Fisch Sushi-gerecht zu häuten, filetieren und entgräten)

4 dicke Jakobsmuscheln, ausgelöst, mit Rogen

4 EL Reisessig

2 EL Zucker

1 TL Salz

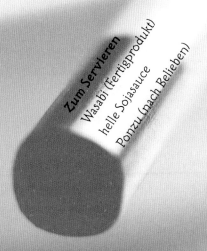

Zum Servieren

Wasabi (Fertigprodukt)

helle Sojasauce

Ponzu (nach Belieben)

Zubereitung

Den Reis in einer Schüssel mit kaltem Wasser waschen, dabei die Körner vorsichtig zwischen den Fingern reiben, damit sie nicht brechen. Das Wasser so häufig wechseln, bis es klar bleibt. Dann den Reis nach Packungsangabe zusammen mit dem Kombu-Stück (falls verwendet) in einem Reiskocher oder Topf gar kochen. Den Reis abkühlen lassen, bis er warm ist, dann das Kombu-Blatt entfernen (Kochen und Abkühlen dauern insgesamt etwa 60 Minuten).

Währenddessen den Fisch vorbereiten. Letzte Gräten mit einer Grätenpinzette oder einer kleinen Flachzange entfernen. Es lohnt sich, sich dafür Zeit zu nehmen. Die Fischfilets gegen die Faser in Scheiben schneiden, die halb so dick sind wie ein kleiner Finger. Die Jakobsmuscheln in jeweils 3–4 runde Scheiben schneiden. Abdecken und beiseitestellen.

Reisessig, Zucker und Salz in einem kleinen Topf auf sehr kleiner Stufe erhitzen und rühren, bis sich der Zucker aufgelöst hat. Diese Mischung mit einem Holzlöffel in schneidenden Bewegungen vorsichtig unter den warmen Reis heben.

Den Reis auf vier breite, flache Schalen verteilen und eine Auswahl an rohem Fisch darauf anrichten. Wasabi, Sojasauce und Ponzu, falls verwendet, in separaten Schalen dazu reichen.

Dazu passt: ein Asahi Super Dry Bier aus Japan

④ Knusprige Spareribs

Lammlappen

In Tonga werden traditionell Lappenstücke vom Lamm — die Bauchlappen aus dem vorderen Rippenbereich — als Rippchen gebraten. Diese Variante habe ich sonst noch fast nirgends gesehen. Das ist eine Schande, weil diese Rippchen total lecker sind, wenn auch richtig fettig. Die Vorliebe der Tongaer für Lappenfleisch dürfte wohl einer der Gründe dafür sein, dass es dort eine hohe Rate an Übergewichtigen gibt. Auch Spanferkel, Kokosmilch und Corned-Beef-Suppe (oh, ja!) werden in Tonga viel gegessen. Falls Sie jemals die Gelegenheit haben, probieren Sie Lammrippchen — aber bitte nicht jeden Tag, sonst wird sich Ihr Körper rächen.

Wenn ich „Spareribs" auch nur schreibe, möchte ich am liebsten auf der Stelle zum Metzger rennen und ihm all meinen weltlichen Besitz überlassen (oder eben das, was ich ihm noch nicht überlassen habe). Spareribs gehören zu den Gerichten, die ich als Henkersmahlzeit wählen würde, und das aus mehreren Gründen:

1. Sie schmecken einfach atemberaubend lecker. Sie sind innen saftig und außen umhüllt von der großartigsten essbaren Substanz auf diesem Planeten: Schweinekruste.

2. Sie machen auf dem Tisch ganz schön etwas her: Ein gewaltiger Fleischberg, eines Fred Feuersteins würdig, steht vor einem und dünstet einen tollen Duft aus. Schneiden Sie das Fleisch in einzelne Rippchen und lassen Sie Ihre Gäste wie an einer Rittertafel die Knochen abnagen und sich die Hemden vollkleckern!

3. Sie sind ziemlich billig.

4. Man kann so gut wie nichts falsch machen. Spareribs gelingen sogar dem minderbemitteltsten Koch.

5. Wie viele Gründe brauchen Sie denn noch? Los, an den Herd, am besten gleich!

Sie brauchen ein großes Rippenstück vom Schwein mit Knochen und Schwarte. Schneiden Sie die Schwarte ein (oder bitten Sie Ihren Metzger darum). Dazu brauchen Sie ein sehr scharfes Messer.

Die Rippchen schmecken am besten, wenn man sie ein paar Stunden oder über Nacht mariniert. Es ist aber auch schon vorgekommen, dass ich die Marinade nur darübergekippt und das Fleisch direkt in den Ofen geschoben habe, weil ich es nicht erwarten konnte. Das tut dem Gericht zwar nicht gut, aber es geht.

Zutaten

Für 8 Personen

15 getrocknete Lorbeerblätter

2,5-cm-Stück Ingwer, gerieben

15 Knoblauchzehen, grob gehackt

100 ml Olivenöl

$^1/_2$ TL Pfeffer

2 TL Salz

1 EL Kardamomsamen, zerstoßen
(nach Belieben)

3 kg Spareribs (mindestens 8 Rippchen), mit
Knochen und Schwarte, Schwarte in 1 cm
großen Abständen eingeschnitten

Ofenkartoffeln (siehe Seite 113) und glasierte
Karotten, zum Servieren

Zubereitung

Alle Zutaten bis auf das Fleisch im Mixer oder
mithilfe von Mörser und Stößel zu einer Paste
verarbeiten. Die Spareribs in eine Bratform legen,
die in Ihren Kühlschrank passt, und rundum mit
der Paste einreiben. Die Paste auch in die Schlitze
in der Schwarte reiben. Das Fleisch im Kühlschrank
mindestens 1 Stunde bis 2 Tage marinieren.

Den Backofen auf 160 °C vorheizen. Die Spareribs
ohne Deckel 2 Stunden im Ofen braten. Die Temperatur auf 240 °C erhöhen und das Fleisch weitere
20–30 Minuten knusprig braten. Alle 10 Minuten
kontrollieren, damit die Kruste nicht anbrennt.

Wenn die Schwarte jetzt immer noch nicht knusprig
ist, den Backofengrill anschalten und die Schwarte
darunter knusprig grillen. Darauf achten, dass sie
nicht zu dunkel wird. Die Kruste in einem großen
Stück vom Fleisch schneiden und unabgedeckt
beiseitestellen. Das Fleisch mit Alufolie abdecken
und vor dem Servieren 15 Minuten ruhen lassen.
Das Fleischstück am Tisch in Rippchen schneiden
und pro Person ein Rippchen mit etwas Kruste auf
vorgewärmten Serviertellern anrichten.

Dazu passt: ein roter Vacqueyras
aus der französischen Rhône-Region

⑤ Feigen & Ziegenkäse

Es gibt kaum eine bessere Art, ein sommerliches Essen im Freien abzuschließen, als mit dieser wunderbaren Kombination aus prallen, reifen Früchten und cremigem Käse. Am besten schmeckt das Gericht natürlich auf einer Terrasse in einem Weinberg, der sich bis zu einer Bucht mit Austernbänken erstreckt. Sollten Sie aber „nur" einen Balkon, ein offenes Fenster oder bloß eine Ansichtskarte Ihres Traumreiseziels zur Verfügung haben: Dieses Gericht wird jeden Mangel ausgleichen!

Ich weiß, was Sie denken: „Das ist doch gar kein echtes Gericht. Das sind nur ein paar Zutaten auf einem Teller." Sie haben recht. Aber die Kombination dieser beiden Zutaten wurde im Himmel erfunden.

Allerdings müssen Sie die richtigen Zutaten aussuchen, sonst werden Sie sich fragen, was das ganze Theater soll. Die Feigen sollten so prall und sommerlich reif aussehen, als ob sie gleich platzen wollten. Befühlen Sie sie, bevor Sie sie kaufen: Die Früchte sollten sich schwer und dick anfühlen und duften. Der Ziegenkäse sollte weich sein, aber nicht zu ziegig schmecken. Das Wichtigste ist zu probieren, bevor Sie kaufen. Wenn Sie die Käsetheke verlassen, ohne pappsatt zu sein, hat man Sie übers Ohr gehauen!

Feigen pflücken

Im Languedoc im Südwesten Frankreichs gibt es häufig zwei Feigenernten im Jahr: eine frühe, große mit dicken, zarten, vollaromatischen Früchten und eine zweite mit kleineren Feigen.

1. Pflücken Sie Feigen früh am Tag, wenn es noch nicht so heiß ist.
2. Bedecken Sie möglichst jeden Quadratzentimeter Ihres Körpers. Feigenblätter können die Haut reizen.
3. Feigen sollten nicht allzu lange am Baum hängen bleiben, sonst sind sie überreif und ziehen Wespen an. Wenn Sie mehr Feigen gepflückt haben, als Sie frisch essen können, machen Sie daraus ein herrliches Kompott oder eine Konfitüre.
4. Bitten Sie jemanden, Ihre Leiter festzuhalten, denn Sie werden versucht sein, höher zu klettern, als Sie sollten. Und wenn Ihre Begleitung Sie schon nicht vor der tödlichen Gefahr bewahren kann, wird sie wenigstens Ihren Heldenmut bei der Nahrungsbeschaffung bezeugen können.

Zutaten

Für 6 Personen als Vorspeise oder Dessert

12 dicke, vollreife Feigen
300 g aromatischer, weicher Ziegenkäse
Honig, zum Beträufeln

Zubereitung

Feigen und Käse 1 Stunde vor dem Servieren aus dem Kühlschrank nehmen.

Die holzigen Spitzen von den Feigen abschneiden und die Früchte bis fast zum Boden kreuzweise einschneiden. Die Feigen seitlich etwas zusammendrücken, um sie zu öffnen. Je 2 Feigen auf einen Dessertteller setzen und je 1 Scheibe Ziegenkäse danebenlegen. Mit einem großzügigen Esslöffel Honig beträufeln. Das war's!

Dazu passt:
ein La Baume Syrah
Rosé aus dem
Languedoc

⑥ Salat aus gerösteten roten Paprika

Ich weiß, ich weiß, „Salat" hört sich nicht wirklich prickelnd an. Aber seien Sie nachsichtig: Ich finde dieses Schätzchen einfach unheimlich sexy. Er ist voller Aromen und steht deshalb im Kapitel „Perfekt", weil all seine Zutaten charaktervoll und kräftig sind, aber trotzdem perfekt harmonieren.

Eine dieser unglaublichen Zutaten sind rote Paprika. Die schmecken zwar auch roh ganz gut, aber durch Garen verwandeln sie sich wie durch Zauberei in süße, saftige Aromakraftwerke. Wichtig ist aber, dass man die Paprika so lange grillt, bis die Haut schwarz wird und sich leicht abziehen lässt.

Falls Sie auf die Idee kommen sollten, statt roten Paprika grüne zu verwenden, weil sie gerade vorrätig und/oder billiger sind und doch bestimmt genauso gut schmecken: STOPP! Grüne Paprika schmeckt im Vergleich zu roter wie leicht bittere Pappe. Es gibt nur einen geeigneten Platz für eine grüne Paprika, und das ist an einem Paprikastrauch, an dem sie darauf wartet, reif, süß und ROT zu werden. Okay, ich sehe ein, dass die Tradition bei Jambalaya und einigen Paellas grüne Paprika verlangt, aber das reicht auch!

Im Rezept werden Sie aufgefordert, Eigelb und Eiweiß der hart gekochten Eier separat zu zerkleinern. Das hört sich ein bisschen albern an, macht geschmacklich aber einen riesigen Unterschied. Keine Ahnung, woran das liegt. Auch ich habe schon versucht zu schummeln – aber es lohnt sich nicht!

Dieser Salat ist eine Vorspeise, aber sehr sättigend. Laden Sie die Teller also nicht zu voll, sonst haben Sie keine Luft mehr für den Hauptgang. Und noch eines: Auch wenn der Salat nicht viel Arbeit macht, braucht das Rösten doch ein bisschen Zeit. Um das Ganze etwas zu entzerren, können Sie die Paprika bis zu zwei Tage im Voraus vorbereiten.

Zutaten

Für 6 Personen als sättigende Vorspeise

1 kg sehr große rote Paprika

2 hart gekochte Eier

12 eingelegte Sardellenfilets,
abgespült und abgetropft

1 EL Kapern, abgespült

1 große Handvoll frische Basilikumblätter

1 EL gehackte Petersilie

100 ml Olivenöl · 2 EL Rotweinessig

Salz und Pfeffer

Krustenbrot, zum Servieren

Zubereitung

Den Backofengrill vorheizen. Die ganzen Paprika in eine große Bratform legen und unter den Grill schieben. Die Haut wird langsam schwarz. Die Paprika alle 5–10 Minuten wenden, damit sie nicht zu schwarz werden. Das Rösten nimmt je nach Größe der Frucht etwa 20–40 Minuten in Anspruch. Wenn sie rundum schwarz sind, die Paprika in einen großen Topf geben und bei geschlossenem Deckel abkühlen lassen (dadurch schwitzen sie, und die Haut lässt sich besser abziehen). Die abgekühlten Paprika aufschneiden und das Kerngehäuse herausschneiden. Die Haut vorsichtig vom Fruchtfleisch abziehen. Dabei austretenden Saft auffangen. Das Fruchtfleisch in 2 cm breite Streifen schneiden und auf einer Servierplatte anrichten.

Die Eier schälen und halbieren. Das Eigelb herauslösen und durch ein feines Sieb in eine Schale streichen. Das Eiweiß fein hacken oder raspeln und in eine zweite Schale geben. Das Eiweiß in regelmäßigen Abständen in 12 Häufchen auf die Servierplatte setzen.

Erst die Sardellenfilets und dann das Eigelb auf dem Eiweiß anrichten. Den Salat mit Kapern und Kräutern bestreuen, dann mit Olivenöl, Essig und aufgefangenem Paprikasaft beträufeln. Großzügig mit Salz und Pfeffer würzen und mit frischem Krustenbrot servieren.

Dazu passt:
ein Gewürztraminer aus dem Elsass

⑦ Krebs-und-Stein-Party

Dieses Essen ist ein Widerspruch in sich: Dem zarten, vielschichtigen Aroma des frischen Krebsfleisches steht der Urschrei beim Aufschlagen des harten Krebspanzers mit einem Stein gegenüber. Eigentlich könnte ich es auch teuer als Antistresstherapie für Manager anbieten.

Jeder Gast bekommt einen Krebs und eine Schürze (das Essen ist nämlich eine ganz schöne Sauerei), einen Stein und ein Schneidebrett zum Aufbrechen des Krebspanzers und Auslösen des unglaublich weichen Fleisches. Falls Sie keine sauberen Steine haben, können Sie auch Fleischklopfer oder Hammer verwenden. Neulich habe ich dieses Gericht für ein paar Freunde gekocht und jeden gebeten, einen sauberen Hammer mitzubringen. Die dachten, sie sollten mir helfen, ein paar Regale zusammenzubauen.

Ich liebe es, wenn Essen Spaß und Action bringt!

Krebs für Anfänger

Was machen Sie also mit Ihrem Krebs und Ihrem Stein?

Wenn die Krebse gekocht und abgekühlt sind, drehen Sie Beine und Scheren heraus und legen sie zum Auspulen beiseite. Ziehen Sie dann die Schale auf der Bauchseite des Körpers ab (falls das nicht klappt, den Körper mit den Augen nach unten hochkant auf das Schneidebrett stellen und mit der Handfläche gegen die Unterseite schlagen, bis sie sich löst). Entfernen Sie alles, was wie Plastik aussieht, die Innereien und die Kiemen. Alles andere ist essbar, und davon gibt es reichlich.

Zubereitung

Sie brauchen pro Person einen Stein und ein Schneide-brett. Wenn Sie lebende Krebse erstanden haben, müssen Sie sie zuerst kochen. Dazu einen großen Topf mit großzügig gesalzenem Wasser zum Kochen bringen. Die Krebse kopfüber hineingeben und das Wasser bei geschlossenem Deckel erneut zum Kochen bringen. Ab diesem Moment brauchen Krebse mit einem Gewicht von bis zu 1 kg 10–12 Minuten, bis zu 2 kg 18 Minuten.

Das Wasser abgießen. Die Krebse sorgfältig abtropfen und vor dem Servieren abkühlen lassen. Und denken Sie daran, sie abzudecken, falls Katzen im Haus sind!

Zutaten

1 Taschenkrebs pro Person, frisch gekocht
oder lebend
Mayonnaise (siehe Seite 67)
Salat, Brot und Butter, zum Servieren

Dazu passt:
ein staubtrockener
Picpoul de Pinet aus
dem Languedoc

⑧ Dicke Bohnen & Chorizo

Junge dicke Bohnen sind superzart, süß und lecker, und das Palen ist eine geradezu therapeutische Tätigkeit. Es ist eine dieser wunderbaren Arbeiten, bei denen mir meine Kinder begeistert helfen, die ich aber auch gern allein am Küchentisch verrichte, vor allem wenn ich dabei von einem Teller rohem Schinken, einem Glas trockenem Oloroso-Sherry und dem Radio unterstützt werde. Gut, mit diesen dreien könnte ich problemlos tagelang fast jede Arbeit verrichten, so auch die viel anspruchsvollere Aufgabe, reife dicke Bohnen zu häuten (siehe unten).

Mit jungen dicken Bohnen ist das hier ein echtes Frühlingsgericht. Sie sollten junge Bohnen so schnell wie möglich palen und verarbeiten, bevor ihr Zuckergehalt sich in Stärke verwandelt. Wenn Sie im Supermarkt tiefgekühlte junge dicke Bohnen finden, decken Sie sich damit ein, um diesen Salat das ganze Jahr über genießen zu können. Er ist wunderbar ausgewogen: zarte, leckere Bohnen gemischt mit grober, würziger Chorizo – junges, knackiges Frühlingsgemüse mit saftiger spanischer Wurst. Übrigens: Das Ganze schmeckt auch super mit frischen Erbsen.

Dicke Bohnen häuten

Ältere, reifere dicke Bohnen haben eine dicke Haut, die von Kindern oft gehasst und auch von Erwachsenen nicht sonderlich geliebt wird. Mit ein bisschen Zeitaufwand sind diese Bohnen trotzdem eine tolle Zutat: Kerben Sie die Haut mit dem Fingernagel ein und drücken Sie die Bohne heraus. Das ist eine fieselige, aber doch einfache Arbeit.

Die dicke Bohne

Diese Bohne gehört zu den ganz alten Grundnahrungsmitteln in Europa. Erst als die weiße Bohne im frühen 16. Jahrhundert aus der Neuen Welt nach Europa kam, geriet die dicke Verwandte etwas in Vergessenheit.

Beim Besuch eines spanischen Feinkostgeschäfts entdecken Sie vielleicht kleine Beutel mit etwas, das aussieht wie blassgelbe, getrocknete dicke Bohnen. Die sehen zwar nicht besonders attraktiv aus. Sie sollten aber trotzdem unbedingt eine Packung mitnehmen. Es handelt sich dabei um getrocknete, geröstete und in reichlich Salz gewendete Bohnen. Sie sind ein toller kleiner Snack, und besonders gut schmecken sie zu Bier.

Zutaten

Für 4 Personen als Vorspeise

1 EL Olivenöl

250 g frische Chorizo, in
fingerdicken Scheiben

4 Frühlingszwiebeln, in feinen Ringen

3 Knoblauchzehen, zerdrückt

100 ml warme Hühner- oder
Gemüsebrühe

2 kg junge dicke Bohnen in der Hülse
oder etwa 750 g junge dicke Bohnen,
gepalt, Tiefkühlware

1 große Handvoll frische Minze, gehackt

Salz und Pfeffer

geröstetes Landbrot, zum Servieren

Dazu passt: ein Sherry,
zum Beispiel La Gitana
Manzanilla oder, falls Sie
ihn auftreiben können, ein
Pasada Pastrana

Zubereitung

Eine schwere Pfanne erhitzen und das Olivenöl hineingeben.
Wenn es glänzend heiß ist, die Chorizo darin von allen Seiten
etwa 15 Minuten anbräunen. Aus der Pfanne nehmen und
beiseitestellen. Die Hitze reduzieren. Frühlingszwiebeln und
Knoblauch in die Pfanne geben und 5 Minuten andünsten. Mit der
Brühe ablöschen. Die Bohnen zugeben und 3–5 Minuten köcheln
lassen, bis sie knackig gar sind. Minze und Chorizo untermischen.
Salzen und pfeffern. Samt Bratensaft auf kleinen vorgewärmten
Tellern mit geröstetem Landbrot servieren.

⑨ Fabelhafte Meeres- früchte

Dieses Gericht ist einfach sexy. Denn es hat etwas herrlich Lustvolles, Hemmungsloses und Dekadentes, in eine Platte fangfrischer Meeresfrüchte einzutauchen, die auf glitzerndem, zerstoßenem Eis angerichtet sind. Vielleicht liegt es an dem ganzen Zink in den Austern, vielleicht an all den göttlichen Texturen und exquisiten Aromen. Und ist es nicht so, dass eine Platte mit Meeresfrüchten in Hollywoodfilmen ein untrügliches Zeichen dafür ist, dass die beiden Hauptdarsteller bald aneinander herumfummeln werden?

Jetzt kann ich nicht länger drum herumreden: Dieses Gericht kostet etwas mehr Aufmerksamkeit und Geld als viele andere. Aber allein das Kribbeln, mit dem man ein Essen wie dieses serviert, ist die Mühe wert, egal ob bei einem romantischen Abend oder für Ihre besten, teuersten Freunde. Und selbst wenn es etwas mehr kostet als ein durchschnittliches Essen, die Zubereitung zu Hause ist immer noch wesentlich billiger als der Verzehr in den meisten Restaurants.

Streng genommen wird mit dem Begriff „Meeresfrüchte" alles abgedeckt, was im Meer außer Fischen lebt und essbar ist. Stellen Sie Ihre Auswahl an Krusten- und Weichtieren ganz nach Geschmack zusammen. Ich würde mich aber zunächst einmal für eine Grundauswahl an gängigen gegarten Tierchen wie Krebs, Hummer und Riesengarnelen entscheiden, damit auch alle Warmduscher am Tisch genug zu essen bekommen. Dann können Sie zu den etwas spezielleren, roh zu essenden Spezies übergehen. Für mich müssen unbedingt ein paar gute Austern drin sein, außerdem Schnecken, Venus- und Miesmuscheln (die Muscheln können leicht gedämpft werden, in Frankreich werden sie häufig roh gegessen). So richtig lustig wird die Nummer aber erst mit eher seltenen Freunden wie Seeigeln (siehe Seite 190).

TIPP
Denken Sie an reichlich Eis! Sie brauchen außerdem ein paar Nussknacker, Hummerzangen oder Hammer.

Zutaten

Eiswürfel

maximal 750 g Meeresfrüchte pro
Person, aus der folgenden Liste:

Hummer, gekocht

Krebs, gekocht

Austern

Riesengarnelen,
gekocht

Miesmuscheln

Venusmuscheln

Meeresschnecken,
gekocht

Scheidemuscheln

Strandschnecken

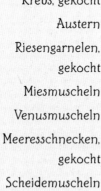

Schalottenessig

1 Schalotte

4 EL Rotweinessig

Zum Servieren

Baguette

Mayonnaise (siehe Seite 67)

Zitronenspalten

Tabasco-Sauce

Dazu passt: ein edler, staubtrockener Champagner

Zubereitung

Je ein paar Handvoll Eiswürfel zwischen zwei saubere
Geschirrtücher (gerne etwas ältere Modelle) legen und
mit einer Teigrolle, einem Fleischklopfer oder Hammer
kieselsteingroß zertrümmern. Wieder ins Gefrierfach geben.

Für den Schalottenessig die Schalotte fein hacken und mit
dem Essig in eine Schale geben.

Eine Lage zerstoßenes Eis auf eine große Servierplatte
geben. Als Prachtstücke den tranchierten Hummer und
die Krebse mit aufgebrochenem Panzer (siehe Seite 28) in
die Mitte setzen. Die Austern sollten, wo immer sie ein
Plätzchen finden, ringsum im Wechsel mit den Garnelen (in
der Schale), den Muscheln und den anderen Weichtieren
(üblicherweise auch in der Schale) platziert werden.

Mit Schalottenessig, Baguette, Mayonnaise in einer Schale,
Zitronenspalten und Tabasco-Sauce servieren. Stellen Sie
auch eine große Schüssel für die Schalen auf den Tisch.

⑩ Zwiebelkuchen

Zwiebelkuchen ist ein einfaches Gericht aus günstigen Zutaten. Wenn er aber mit Liebe und Sorgfalt zubereitet wird, kann er ebenso gut schmecken wie jede aufgeblasene Haute-Cuisine-Kreation. Zwiebelkuchen ist neben Gerichten wie Soufflé, Risotto und Crème brûlée in vielerlei Hinsicht ein perfektes Beispiel für die Kunst des Kochens: Für all diese Rezepte ist Geduld die wichtigste Zutat.

Patisserien, die auch Zwiebelkuchen verkaufen, sind immer noch ein wichtiger Bestandteil der französischen Kultur, und das macht mich wirklich froh. In meinem Lieblingsdorf im Languedoc gibt es zwei Patisserien (beide fantastisch, auch wenn meine Loyalität dem Pain d'Or mit seiner koketten Madame gilt). Beide brauchen eine bürgermeisterliche Genehmigung für ihre Betriebsferien, und die wird nur unter der Auflage gewährt, dass die eine Patisserie garantieren kann, den Ausfall der anderen aufzufangen.

Zwiebel schälen ohne Weinen

Das ätherische Öl Allicin ist schuld daran, dass wir beim Zwiebelschneiden heulen müssen, und auf die Lösung dieses Problems wurde schon reichlich menschliches Hirnschmalz verwendet. Ich muss gestehen, dass ich besonders anfällig bin – so manche mittelgroße Zwiebel hat mich eine Stunde außer Gefecht gesetzt. Ich habe sogar mit speziellen Schutzbrillen experimentiert, was komischerweise nicht funktioniert hat. Der einzige Weg, nicht zu weinen, war eine das halbe Gesicht bedeckende Taucherbrille mit langem Schnorchel. Aber damit habe ich nur meine Kinder verschreckt. Deshalb habe ich beschlossen zu erdulden und zu heulen. Andere Tricks sind, Zwiebeln unter fließendem Wasser zu schneiden (das hat den dummen Nebeneffekt, dass man sich die Fingerspitzen abschneidet) oder sie vor dem Schneiden ins Gefrierfach zu legen.

Die Zwiebel

Zwiebeln waren schon in prähistorischen Zeiten bekannt und sind auch heute in den meisten Küchen unverzichtbar. Die Ägypter waren große Zwiebelfans: Sie malten sie, schrieben über sie und kochten damit. Priester allerdings durften sie nicht essen. Auch für andere sind Zwiebeln tabu, zum Beispiel für Hindu-Brahmanen und Anhänger des Jainismus.

Zutaten

Für 6 Personen als Hauptgericht

Mürbeteig

180 g Weizenmehl

1 Prise Salz

3 1/2 EL Butter, gewürfelt

1 Eigelb

1 EL kaltes Wasser

Füllung

6 EL Butter

4 Zwiebeln, in feinen Ringen

2 TL Thymianblätter

Salz und Pfeffer

2 Eier

250 g Sahne

50 g frisch geriebener Gruyère

1/2 TL frisch geriebene Muskatnuss

Zubereitung

Zunächst für den Teig Mehl und Salz in eine große Schüssel sieben. Die Butter zugeben und mit den Fingern in das Mehl reiben, bis eine krümelige Masse entstanden ist. Das Eigelb und gerade so viel Wasser einarbeiten, dass ein gebundener Teig entsteht. Zu einer Kugel formen, in Frischhaltefolie schlagen und 15 Minuten im Kühlschrank ruhen lassen.

Den Backofen auf 180 °C vorheizen. Eine Springform (20 cm Durchmesser) mit dem Teig auskleiden. Ein Stück Backpapier darauflegen und mit getrockneten Hülsenfrüchten beschweren. Im vorgeheizten Ofen 15 Minuten blindbacken. Die Form aus dem Ofen nehmen und die Temperatur auf 200 °C erhöhen. Die Hülsenfrüchte samt Backpapier entfernen und den Teigboden weitere 5 Minuten backen.

Für die Füllung die Butter in einer großen, schweren Pfanne bei kleiner bis mittlerer Hitze zerlassen. Zwiebeln und Thymian darin unter häufigem Rühren 15–30 Minuten dünsten, bis die Zwiebeln leicht gebräunt sind. Salzen und pfeffern. Die Pfanne vom Herd nehmen und die Zwiebeln 10 Minuten abkühlen lassen.

Den Backofen auf 190 °C vorheizen. Eier und Sahne in einer großen Schüssel verquirlen. Gruyère, Muskatnuss und Zwiebeln sorgfältig untermischen. Die Masse in den Teigboden füllen und ohne Abdeckung 30–40 Minuten goldbraun backen (nach 20 Minuten prüfen, ob der Kuchen nicht zu dunkel wird). Den Zwiebelkuchen warm servieren.

Dazu passt: der herrlich blumige 2005er Wehlener Sonnenuhr Riesling Kabinett vom Weingut Dr. Loosen

2. Spektakulär

Spektakulär

Ich liebe Feste, und ich liebe Essen. Aber ich hasse den Ausdruck „Festessen". Er lässt mich an Formalitäten, Serviettenringe und korrekte Tischmanieren denken. Und genau das will ich nicht, wenn meine Freunde zum Essen kommen. Ich finde es toll, wenn es beim Essen hoch hergeht: laut, chaotisch und lebendig ist – eben gesellig und nicht förmlich.

Deshalb sind die Rezepte in diesem Kapitel nicht einfach Gerichte. Sie sind Spektakel, die mehr sind als die Summe ihrer Zutaten. Natürlich ist alles drin, was ein vollwertiges Essen haben sollte: Eiweiß, Kohlenhydrate, Fette und Ballaststoffe, die Ihr Körper in Liebe und Leben umwandeln kann. Aber alle haben noch ein zusätzliches, außergewöhnliches Element. Meine Favoriten (und meine liebste Art zu essen) sind interaktive Essen, bei denen die Gäste ins Kochen mit eingebunden werden, etwa bei *Shabu-Shabu*, *Fondue Bourguignonne* oder *Nudeln Cha Ca La Vong*. Es gibt noch eine ganze Reihe anderer Gerichte, die es zwar nicht ganz in meine Top 101 geschafft haben, aber trotzdem großartig interaktiv sind, etwa japanische Nabe (Eintöpfe), Sukiyaki und Teppanyaki oder koreanische Soondaes.

Schon klar, die Gerichte in diesem Kapitel sind nicht unbedingt die schnellsten Essen für wochentags oder Fernsehabende. Dafür sind viele günstig und einfach und echte Wochenendessen für gute Freunde und die Familie oder für besondere Gelegenheiten. Das liegt oft daran, dass diese Gerichte etwas mehr Planung brauchen, ein spezielles Küchenutensil oder eine Zutat erfordern, die nicht unbedingt im Vorratsschrank oder Kühlschrank liegen würden, wenn man nicht vorausgedacht hätte, oder weil sie einfach auf eine Weise zubereitet werden, die man an der heimischen Kochfront nicht allzu häufig praktiziert.

Aber bitte, fürchten Sie sich nicht! Auch wenn einige Gerichte etwas abschreckend wirken, sind doch alle eher einfache Essen. Manchmal erfordern sie vielleicht etwas mehr Zeit als eine durchschnittliche Mahlzeit, das aber hauptsächlich, weil sie für eine große Personenzahl berechnet sind! Zur Taufe meiner Tochter habe ich neulich ein *Grand Aïoli* für 24 Leute gemacht. Das hat mich vor allem wegen der Unmengen von Gemüse, das ich vorbereiten musste, wahnsinnig viel Zeit gekostet. Das Kochen selbst war dann aber verdammt einfach.

Falls Sie ausreichend Platz haben und etwas Großes feiern wollen, kann ich Ihnen nur das *Spanferkel* empfehlen. Es ist zwar nicht ganz billig, aber Sie und Ihre Freunde werden das Essen nie vergessen. Es macht richtig Laune, dafür etwas tiefer in die Tasche zu greifen. Falls Sie nicht so viel ausgeben wollen oder Kinder haben, kann ich Ihnen die *Polenta alla Spianatora* ans Herz legen. Die ist so frech, dass man sie einfach lieben muss.

Hier finden Sie Gerichte, die beim Zubereiten und Essen wirklich Spaß machen. Wenn Ihre besten Freunde vorbeikommen und Sie ihnen zeigen wollen, wie sehr Sie sie mögen, oder wenn Sie Freunde miteinander bekannt machen wollen, sind das die Gerichte, die Sie dafür brauchen. Sie bauen Barrieren ab und machen aus jedem Essen ein Fest – kein Festessen, einfach ein Essen, das gleichzeitig ein rauschendes Fest ist.

⑪ Spanferkel

Das ist wahrscheinlich das opulenteste und dekadenteste Essen, das ich je gekocht habe. Es ist ein echtes Festessen und, auch wenn die Zubereitung wirklich einfach ist, nichts für Weicheier. Ein ganzes Schwein zu braten, schreit natürlich geradezu: „JA, ICH BIN EIN FLEISCHFRESSER!"

Spanferkel sind zu Recht teuer. Die Tiere werden im Alter zwischen zwei und acht Wochen geschlachtet und haben bis dahin nur Muttermilch bekommen. Deshalb ist ihr Fleisch (besonders der Bauch, aus dem Rippchen und Speck kommen) ganz weich und zart, und die Kruste ist schlicht nicht von dieser Welt.

Die einfachste Art der Zubereitung ist das Braten im Ofen. Wenn Sie die Zeit und die Geräte haben, können Sie es auch über einem offenen Feuer oder einem Grill am Spieß braten. Beim Garen empfiehlt es sich, das Maul mit einem eingeklemmten Stein offen zu halten und den Stein gegen Ende der Garzeit durch einen Apfel zu ersetzen. Um das Spektakel im richtigen Maß zu zelebrieren, sollten Sie das Spanferkel am Stück servieren und erst am Tisch tranchieren.

Passt mein Ofen?

Messen Sie Ihren Backofen aus, bevor Sie das Spanferkel bestellen. In einem Stück passt ein Spanferkel nur in sehr große Öfen. Bei normalen Geräten empfiehlt es sich, das Ferkel vom Metzger zerteilen zu lassen.

Fressgelage auf Tonga

Während der Kirchenfeiern auf Tonga möchte man kein Schwein sein. Dann nämlich versammeln sich die Mitglieder der Gemeinden, um eine Woche rund um die Uhr hemmungslos zu feiern. Ich habe einmal mitgefeiert und beim Kochen geholfen. Für jedes Essen bereiteten sie zwölf Spanferkel am Spieß über großen offenen Feuern zu. Dazu kamen noch die Ferkel, die die Gemeindemitglieder bereits zu Hause gebraten und mitgebracht hatten. Alle Kirchenmitglieder versammelten sich zum Essen unter einem Dach, und es gab so viel, dass die Tische zweistöckig beladen waren und sich die Spanferkel auf erhöhten Brettern

in der Tischmitte aneinanderreihten. Jeden Tag gab es drei Hauptfeiern. Ich habe allerdings nur zwei geschafft.

Zutaten

Für 8–10 Personen

1 Spanferkel (6 kg), küchenfertig

natives Olivenöl extra

Salz und Pfeffer

16 Knoblauchzehen

1 Handvoll Thymianzweige

8 Lorbeerblätter

1 kleiner Apfel

100 ml Weißwein, Marsala oder
Dessertwein

Ofenkartoffeln (siehe Seite 113), Knoblauch
und Gemüse sowie Apfelmus
zum Servieren

Dazu passt:
ein guter, würziger,
südafrikanischer
Pinotage (Rotwein)

Zubereitung

Den Backofen auf 190 °C vorheizen. Das Spanferkel gründlich abspülen und trocken tupfen. Rundum mit Öl, Salz und Pfeffer einreiben. Ohren und Schwanz in Alufolie einschlagen und mit Holzspießen am Körper feststecken. Einen Stein in das Maul des Ferkels klemmen.

Knoblauch, Thymian und Lorbeerblätter in eine große Bratform geben. Das Spanferkel daraufsetzen und in den Ofen schieben. Nach 30 Minuten mit weiterem Öl bestreichen und die Ofentemperatur auf 180 °C reduzieren. Weitere 1³/₄ Stunden braten, dabei alle 20 Minuten bestreichen. Beilagengemüse 15 Minuten vor Ende der Garzeit des Spanferkels ansetzen. Den Ofen auf Grillfunktion umstellen und das Ferkel grillen, bis die Schwarte knusprig wird (darauf achten, dass sie nicht verbrennt). Das Spanferkel aus dem Ofen nehmen und den Stein durch einen Apfel ersetzen. Die Kruste ablösen und beiseitestellen. Das Spanferkel in Alufolie schlagen und bis zu 1 Stunde ruhen lassen.

Den Bratensaft entfetten. Den Wein einrühren und bei mittlerer Hitze auf die Hälfte einkochen, dabei unter Rühren den Bratensatz vom Boden der Form lösen, sodass eine schöne Sauce entsteht.

Tranchieren Sie das Spanferkel am Tisch unter dem Applaus der Gäste und servieren Sie es mit Kruste, Sauce, Ofenkartoffeln, Knoblauch, Gemüse und etwas Apfelmus.

⑫ Krebse im Tempura- mantel

Frage: Kann man einen Krebs ganz essen, mit Panzer und allem?

Antwort: Ja, wenn er weichschalig ist.

Wenn man noch nie einen weichschaligen Krebs gesehen hat, kann man sich das echt schwer vorstellen. Aber ja, man kann die Dinger komplett essen: Scheren, Kopf, Beine, Schale. Und durch ein Wunder der Natur (siehe rechts) ist kein Teil davon kalkig und hart, sondern vielmehr alle süß und zart, in einer interessanten, keineswegs unangenehmen Mischung aus weich und knackig, was besonders gut herauskommt, wenn der Krebs in einem leichten, knusprigen Tempurateig ausgebacken wird.

Weichschalige Krebse (Softshell Crabs) sind nur schwer frisch zu kriegen. Aber keine Panik, es gibt immer mehr Firmen, die diese kleinen Kerle züchten und als Tiefkühlware in den Handel bringen. Ihr Fischhändler oder der japanische, chinesische oder thailändische Supermarkt hat ganz bestimmt eine Packung in der Kühltruhe, und ich kann Ihnen nur raten, sich bald mal eine mitzunehmen. Die Krebse selbst sind 7,5 bis 10 Zentimeter breit und oft einzeln in Plastik verpackt, damit sie nicht zu einem Krebsklumpen zusammenfrieren.

Dies ist ein Essen, bei dem Sie die Portionen nacheinander garen müssen und einer nach dem anderen anfängt zu essen. Denn wenn zu viele Krebse im Fett backen, sinkt die Temperatur zu stark ab, der Teig saugt sich voll Fett und wird nicht knusprig. Wenigstens werden Sie bestimmt mit Applaus am Tisch empfangen, wenn auch Sie sich endlich setzen können.

Was sind Softshell-Krebse?

Es ist wirklich ein Wunder der Natur. Ein Krebspanzer ist hart und wächst nicht mit dem Tier, das darinsteckt. Deshalb werfen Krebse einmal im Jahr ihren zu klein gewordenen Panzer ab. Dann pumpen sie sich mit Wasser auf, um einen größeren Körperumfang zu simulieren, um den der neue Panzer herumwächst. Das dauert bis zu zwei Monate, und in dieser Zeit ist der Krebs quasi nackt, weich und angreifbar, muss sich vor Jägern verstecken und kann nicht fressen.

Arbeit sparen

Wenn Sie etwas Zeit sparen wollen, ist das schon okay: Eine fertige Tempurateig-Mischung ist eine absolut korrekte Lösung – falls Sie eine auftreiben können. Und wenn Sie schon im asiatischen Supermarkt sind, packen Sie auch eine Flasche Ponzu mit ein. Das ist eine tolle, süßliche Zitrus-Soja-Sauce zum Dippen.

Zutaten

Für 6 Personen als Hauptgericht (die halbe Menge als Vorspeise)

12 Softshell-Krebse, Tiefkühlware, aufgetaut

2 Eier

400 ml sehr kaltes Wasser

180 g Weizenmehl

80 g Speisestärke

Salz

Pflanzenöl, zum Ausbacken

2 große Brokkoli, in kleinen Röschen

2 Zucchini, längs in feinen Streifen

Zum Servieren

frisch gekochter Sushi-Reis

Sojasauce

Ponzu (nach Belieben)

Zubereitung

Die aufgetauten Krebse abtropfen lassen und vorsichtig ausdrücken, um überschüssiges Wasser zu entfernen, ohne die Krebse zu beschädigen.

Unmittelbar vor der Zubereitung die Eier in einer großen Schüssel verquirlen, dann Wasser, Mehl, Speisestärke und eine Prise Salz langsam mit einer Gabel unterrühren. Den Teig nicht schlagen, er sollte noch etwas klumpig sein.

Das Öl in einer Fritteuse auf 190 °C erhitzen, bis ein Brotwürfel in 30 Sekunden braun wird. Die Krebse in den Teig tauchen und je 2 gleichzeitig 2–4 Minuten im heißen Fett knusprig ausbacken. Die Krebse sollten innen noch ein bisschen weich sein. Auf Küchenpapier abtropfen lassen und mit Salz bestreuen. Sofort mit Sushi-Reis servieren. Dann das Gemüse in den Teig tauchen und portionsweise etwa 40 Sekunden ausbacken. Auf Küchenpapier abtropfen lassen, mit Salz bestreuen und mit Sojasauce und Ponzu, falls verwendet, servieren. Die Zutaten weiter auf diese Weise zubereiten, bis sie aufgebraucht sind.

Dazu passt:
ein sehr kalter,
französischer Viogner
(Weißwein)

⑬ Hühnchen in Salzkruste

Vielleicht ist Ihnen diese merkwürdige Zubereitungsart schon auf irgendeiner Speisekarte begegnet. Ich habe es zu meiner Mission gemacht, sie in den heimischen Küchen zu etablieren, und das aus zwei guten Gründen: Zum einen ist es eine tolle Art, Geflügel oder Fisch im eigenen Dampf zu garen, zum anderen macht die Salzkruste beim Servieren wirklich etwas her.

Wenn Sie sich nun fragen, ob das Essen bei dieser Art der Zubereitung nicht total salzig schmeckt, kann ich Sie beruhigen: Die Salzschicht dient nur als dichte Hülle, die verhindert, dass die Aromen beim Garen entweichen. Danach bringen Sie den Salzklumpen an den Tisch, schlagen die Kruste auf und entfernen sie. Darunter wartet köstlich zartes, saftiges Fleisch.

Die Salzkarawane

Die folgende Geschichte hat zwar wenig mit dem Rezept zu tun, ist aber trotzdem ganz interessant. In der Region Danakil im nördlichen Äthiopien und südlichen Eritrea liegt eine Salzgrube. Salz ist so weit vom Meer entfernt ein sehr seltenes Gut. Deshalb reisen Männer aus dem 400 Kilometer entfernten Mekele mit ihren Kamelen durch die brütende Hitze der Danakil-Senke und wieder zurück, um das Salz zu schlagen und es in den Städten und Dörfern zu verkaufen. Es muss einer der härtesten Trips der Welt sein, und selbst die zähesten Äthiopier bewundern die Kraft und den Mut der Männer, die das Salz holen. Auf dem Hinweg tragen die Kamele Heu, das dann als Proviantvorrat für den Rückweg in den Dörfern abgeladen wird, denn in der Danakil wächst rein gar nichts. Die Kamele tragen bis zu 90 Kilogramm schwere Salzblöcke, die aus einem eingetrockneten Salzsee gewonnen werden. Das Salz ist in den Städten so wertvoll, dass es auch als „weißes Gold" bezeichnet wird.

Zutaten

Für 4 Personen als Hauptgericht

1 Poularde (1,5 kg)

2 kg grobes Meersalz

Schale von 2 Zitronen

2 große Handvoll gehackter Thymian

2 große Handvoll gehackter Rosmarin

2 EL Wasser

10 Knoblauchzehen, ungeschält

Bratkartoffeln und Salat aus dünnen
Zucchinischeiben gemischt mit Zitronensaft
und Olivenöl, zum Servieren

Zubereitung

Den Backofen auf 220 °C vorheizen. Die Poularde abwischen und sichtbares Fett wegschneiden. Eine Bratform so mit Alufolie auskleiden, dass sie an den Rändern weit übersteht und über das Geflügel geschlagen werden kann.

Alle anderen Zutaten außer dem Knoblauch in einer großen Schüssel mischen. Ein Drittel der Mischung in der Bratform verteilen und eine Mulde in die Mitte drücken. Die Knoblauchzehen hineingeben. Die Poularde mit der Brustseite nach unten fest hineindrücken und mit der restlichen Salzmischung umhüllen. Der Vogel sollte vollständig bedeckt sein, falls nicht, mehr Salz hinzufügen.

Die Poularde im vorgeheizten Backofen 1 Stunde garen. Herausnehmen und 25 Minuten ruhen lassen.

Die Poularde im Salzmantel an den Tisch bringen, die Kruste aufklopfen und die ausströmenden Aromen bitte gaaanz tief einatmen. Dann die restliche Kruste vollständig entfernen, aber bitte mit etwas Geschick, sonst schmeckt das Fleisch doch zu salzig.

Mit Bratkartoffeln und Zucchinisalat servieren.

Dazu passt:
ein Cabernet Sauvignon
aus Chile oder Neuseeland

Schweinsfüße

Schweinsfüße habe ich zum ersten Mal in Barcelona gegessen, und das in einer nahezu katastrophalen Situation. Ich hatte meine Freundin zu einem romantischen Überraschungswochenende eingeladen – und irgendwie war von Anfang an der Wurm drin. Sie wusste, dass ich sie entführen wollte, und ich brachte sie dazu, zu glauben, dass wir eine Radtour durch eine kalte und windige Gegend machen würden. Als ich dann von der Autobahn Richtung Flughafen abbog, wurde sie unruhig, und als ich uns für einen Flug nach Barcelona eincheckte, war sie sauer. Was konnte bloß falsch sein an einem romantischen Trip in eine der aufregendsten Städte der Welt? „Ich habe nur dicke Pullover und Turnschuhe eingepackt, du Trottel", sagte sie, und ich merkte – nicht zum ersten Mal –, dass ich Frauen einfach nicht verstehe.

Hand in Hand spazierten wir den Strand entlang und über die Ramblas. Ich versuchte, die Fassung zu bewahren, meine Freundin schwitzte heftig in ihren dicken Sachen.

So stapften wir in ein Restaurant an der Strandpromenade, wo ich Schweinsfüße bestellte. Die Spanier haben Ahnung von Schweinen, und ich hatte schon öfter Füße gesehen, sie aber noch nie probiert. Das war also die Gelegenheit.

Der Teller mit Schweinsfüßen, der vor mir abgestellt wurde, war ein Triumph des Schweins über meinen Appetit. Es sah aus, als ob beim Metzger eine Bombe hochgegangen wäre. Ich stocherte auf dem Teller herum: nur Knochen, Haut und Sehnen, aber kein Fleisch. Ich dachte sofort,

dass jemand den komisch unentspannten Ausländer verschaukeln wollte. Ich rief den Kellner, um ihm meinen ganzen Ärger entgegenzuschleudern. Er aber erklärte mir freundlich und geduldig, dass an Schweinsfüßen nie Fleisch sei. Vielmehr solle ich die Knochen aushöhlen und mich an das Mark, die samtige Haut und die Sehnen halten. Zum ersten Mal auf dieser Reise mussten meine Freundin und ich lachen. Die Spannung zwischen uns wich, und wir lachten, bis wir nicht mehr konnten. Als wir uns wieder eingekriegt hatten, probierten wir die Füße noch einmal und waren begeistert von den vollen Aromen und Texturen. Das war ein Wendepunkt sowohl unserer Reise als auch für unseren Geschmackssinn.

Ich weiß, dass Schweinsfüße auf die meisten ziemlich bizarr oder sogar eklig wirken. Aber ich kann Ihnen nur raten, tief durchzuatmen und zu probieren, weil sie wirklich köstlich sind. Und falls Sie sie Ihren Freunden servieren, werden Sie wahrscheinlich angenehm überrascht sein, wie viele Leute sich dennoch überwinden.

Es gibt zwei Arten, Schweinsfüße zu kochen. Sie können sie stundenlang im Wasser garen, um sie langsam in ein genießbares Essen zu verwandeln, oder Sie können tun, was jeder vernünftige Franzose tut: sie bereits vorgekocht beim Metzger kaufen, sodass man sie nur noch grillen muss.

Zubereitung

Gehen wir davon aus, dass Sie die vernünftige Option gewählt und sich für vorgekochte Schweinsfüße vom Metzger entschieden haben. Wenn sie nicht schon der Länge nach zerteilt sind, fragen Sie Ihren Metzger, ob er das für Sie macht. Dann den Backofengrill vorheizen und die Füße mit der Schnittseite nach oben in eine große Bratform legen. Mit einer Mischung aus Semmelbröseln, zerdrücktem Knoblauch, Butter, gehackter Petersilie, Salz und Pfeffer bestreuen. Die Schweinsfüße nicht zu dicht unter der Heizspirale etwa 15–20 Minuten knusprig braun grillen. Dabei darauf achten, dass sie nicht verbrennen. Die Füße müssen wirklich nur aufgewärmt werden. Mit Senf, Brot und einer Schüssel für die Abfälle servieren. Nur etwa die Hälfte der Füße ist genießbar, der Rest sind Knochen und Knorpel. Also wundern Sie sich nicht!

Dazu passt:
ein guter, roter
Rioja

⑮ Lammbraten in Zitronen-Thymian-Kruste

Wann immer ich über meine Einsame-Insel-Gerichte nach-
denke (und das passiert mehrmals täglich), fange ich bei den
exotischen und den lebensdefinierenden an, um schließlich
immer bei meinem einfachen Leibgericht zu landen: Lamm-
braten. Und diese Version ist die beste!

Der Trick besteht darin, das Lammfleisch mit einer Mischung
aus fein gehackten Zitronen (das geht prima mit einem Mixer),
Knoblauch, Salz und Kräutern zu bedecken. Es schmeckt einfach wahnsinnig gut, wenn das Fleisch gleichmäßig und sanft
unter einer vollaromatischen Zitruskruste gart.

Auch die Sauce hat ein tolles Zitrusaroma. Aber Vorsicht: Nach
dem Garen müssen Sie den größten Teil der Kruste vom
Fleisch entfernen und dann Stückchen für Stückchen in die
Sauce einrühren. Zitrone kann das Fett nämlich bitter machen.

Variation

Moment! Falls Blutorangen gerade Saison haben, können Sie
die Zitronen auch durch Blutorangen ersetzen – schmeckt
einfach genial!

Das Fettschwanzschaf

Ich hatte Zeichnungen von diesen Schafen
in Büchern gesehen, aber nicht geglaubt,
dass es sie wirklich gibt, bis ich sie während
einer Afghanistanreise gesehen habe.
Eigentlich sitzt das Fett gar nicht am
Schwanz, sondern in einem riesigen, wabbeligen
Fetthöcker auf ihrem Hinterteil über dem
Schwanz. Ich habe erfahren, dass das
Fett mindestens so wertvoll ist wie das
Fleisch selbst. Im Gegensatz zu normalem
Lammfett ist es leicht und weich und eine
Grundzutat für Lamm-Kebabs, bei denen
Fett- und Fleischstücke abwechselnd auf
den Spieß gesteckt werden. Es wird auch
für Quabili-Reis verwendet, ein Gericht
aus vor Fett triefendem Reis, wenig
Gemüse und reichlich Lammschmorfleisch.

Zutaten

Für 6 Personen als Hauptgericht

2,5–3 kg Lammkeule
270 ml Hühnerbrühe
270 ml Rotwein
1 EL rotes Johannisbeergelee

Marinade

1 Knoblauchknolle, in Zehen zerteilt,
ungeschält
5 Zitronen oder Blutorangen
1 EL frisch gehackte Rosmarinblätter
1 EL frische Thymianblätter
2 EL Salz

Zum Servieren

Ofenkartoffeln (siehe Seite 113)
glasierte Karotten
Minzsauce

Zubereitung

Die Lammkeule aus dem Kühlschrank nehmen und mit Küchenpapier trocken tupfen. Die Zutaten für die Marinade im Mixer zu einer Paste verarbeiten. Die Lammkeule in eine Bratform legen und vollständig mit der Zitronenpaste bestreichen. Locker mit Alufolie abdecken und an einem kühlen Ort 1 Stunde (oder vorzugsweise über Nacht im Kühlschrank) ziehen lassen.

Falls das Fleisch im Kühlschrank ist, 30 Minuten vor dem Braten herausnehmen. Den Backofen auf 200 °C vorheizen. Die mit Alufolie abgedeckte Lammkeule 1 $^3/_4$ Stunden braten. Die Keule aus der Bratform nehmen. 2 Esslöffel Zitronenpaste von der Keule abnehmen und beiseitelegen. Das Fleisch mit der Alufolie abgedeckt 15–20 Minuten ruhen lassen.

Währenddessen die Bratform auf den Herd setzen und die Zitronenpaste mit Brühe, Wein und Johannisbeergelee unter gelegentlichem Rühren auf etwa die Hälfte einkochen.

Die Lammkeule tranchieren, dabei die meiste Zitronenpaste entfernen. Mit Bratensauce, Kartoffeln, Karotten und Minzsauce servieren.

Dazu passt: ein guter Burgunder Pinot Noir (Rotwein)

⑯ Shabu-Shabu

Ausstattung

Für Shabu-Shabu brauchen Sie ein spezielles Gerät, das Sie vielleicht aus dem Campingurlaub kennen: einen kleinen Gaskocher, oder eben ein Fondue-Stövchen. Ein paar dieser sehr günstigen langen Holzstäbchen wären auch nicht schlecht.

Das ist eine sehr coole, japanische Variante des berühmten mongolischen Eintopfs, bei dem eine Auswahl von Fleisch und Gemüse sowie ein großer Topf mit köchelnder Brühe auf den Tisch kommen. Jeder gart sein Essen selbst, indem er die Stücke in die Brühe taucht und hin und her schwenkt. Für Japaner hört sich das Geräusch, dass dabei entsteht, wie „shabu shabu" an.

Kommunikative, interaktive Gerichte mag ich ganz besonders, weil es dabei laut und lustig zugeht und jeder etwas zu tun hat. Außerdem ist Shabu-Shabu ziemlich gesund, weil es fettarm und superfrisch ist. Es ist das Fondue des 21. Jahrhunderts!

Shabu-Shabu ist eine fantastische Art, Ihre Gäste aufzulockern. Besonders gut eignet es sich, um zwischen Leuten, die einander nicht gut kennen, das Eis zu brechen. Die Zubereitung der Mahlzeit wird zur gemeinsamen, kommunikativen Aktion, da sich die Gäste gegenseitig das Essen stibitzen, beim Kochen helfen und Tipps für Saucenkombinationen geben. Trotzdem noch eine kleine Warnung: Wegen der heißen Brühe ist Shabu-Shabu nicht unbedingt das ideale Gericht, wenn kleine Kinder mit am Tisch sitzen.

So isst man Shabu-Shabu

Greifen Sie sich nach Lust und Laune ein Fleisch- oder Gemüsestück mit Stäbchen oder einem langstieligen Löffel aus Drahtgeflecht und schwenken Sie es kurz in der heißen Brühe. Gutes Rindfleisch sollte wirklich nur ein paar Sekunden hinein, da es nicht gekocht, sondern nur blanchiert werden soll.

Wenn alle genug Fleisch gegessen haben, geben Sie ein paar Nudeln in die Brühe und servieren Sie diese Suppe dann zum Abschluss.

Zutaten

Für 6 Personen als Hauptgericht

3 TL Dashi-Brühe-Granulat
2,5 l Wasser
8 ausgelöste Garnelen
3 Hähnchenbrustfilets, in sehr feinen Scheiben
1 Schweinefilet, gegen die Faser in sehr feinen Scheiben
500 g durchwachsenes Roastbeaf,
in möglichst dünnen Scheiben
1 Bund Enoki-Pilze
8 Shiitake-Pilze
$^1/_2$ Chinakohl, Blätter zerteilt und halbiert
1 großer Brokkoli, in kleinen Röschen
2 Lauchstangen, in diagonalen Ringen
4 Karotten, in dünnen diagonalen Scheiben

Sauce

70 ml Sojasauce
$3^1/_2$ EL Mirin
$3^1/_2$ EL Reisessig
2 Frühlingszwiebeln, fein gehackt
2 TL frisch geriebener Ingwer
1 Eigelb

Zum Servieren

Ponzu-Sauce
Sojasauce
vorgekochte Glasnudeln, auf 10 cm Länge geschnitten

Zubereitung

Garnelen und Fleisch auf Serviertellern anrichten und in den Kühlschrank stellen. Das Gemüse ebenfalls auf Serviertellern anrichten. Für die Sauce alle Zutaten in einen Rührbecher geben und mit einer Gabel verquirlen. In drei Servierschälchen fullen.

Einen Tischgasbrenner oder das Fondue-Stövchen in die Tischmitte stellen und den Topf mit der Brühe daraufsetzen. Die Flamme so regulieren, dass die Brühe ständig sanft köchelt. Die Teller mit Fleisch und Gemüse sowie die Saucenschälchen ringsum verteilen. Ponzu und Sojasauce in separaten Schalen dazu reichen.

Jeder bekommt eine Suppenschale und Stäbchen und kann sich nun sein eigenes Essen zusammenstellen, erst Fleisch und Garnelen, dann das Gemüse. Die Stücke brauchen in der Brühe nur eine sehr kurze Garzeit. Dann werden sie herausgefischt, in eine Sauce getunkt und in den Mund gesteckt.

Wenn alle Hauptzutaten aufgebraucht sind, die Nudeln in die Brühe geben und die Suppe als sättigende Beilage in die Suppenschalen füllen.

Dazu passt:
japanisches Bier,
dann ein guter
Sake

⑰ Polenta alla Spianatora
(Polenta direkt vom Tisch)

Dieses Gericht ist ein Verstoß gegen sämtliche Tischmanieren, ein Rückschritt in die Zeit, bevor es Essgeschirr gab, und macht eine fürchterliche Sauerei. Aber genau deshalb ist es so befreiend, reizvoll und lustig. Ihre Gäste werden nicht schlecht staunen und ungläubig den Kopf schütteln, wenn Sie die Polenta direkt auf den Tisch klatschen, mit Sauce übergießen und Gabeln verteilen.

Wenn Ihre Gäste sich über Ihre primitiven Sitten wundern, können Sie sie darüber aufklären, dass dies in vielen Regionen Italiens die traditionelle Art des Servierens war – damals, als die Bevölkerung noch dachte, das Essen von Tellern sei nur etwas für Schnösel. Sie können sich aber natürlich auch eine Spianatora zulegen: ein großes Holzbrett, das auf den Tisch gelegt wird.

Was ist Polenta?

Das Wort „Polenta" leitet sich vom Lateinischen „plumentum" ab. Sie wurde ursprünglich aus Weizen-, Dinkel-, Kichererbsen- oder sogar Walnussmehl hergestellt, da Mais ja erst um 1650 nach Italien gelangte, als Lebensmittel, Kulturen und Menschen zwischen Neuer und Alter Welt hin und her wanderten. Vor der Entdeckung Amerikas hatte es in Europa weder Kartoffeln noch Tomaten oder Schokolade und in Amerika keine Orangen, Vieh oder Weizen gegeben. Heute bezeichnet man mit „Polenta" sowohl Maisgrieß als auch den daraus hergestellten Brei.

Zutaten

Für 8 Personen als Hauptgericht

4 EL Olivenöl

900 g Schweinemett oder italienische
Würstchen, gehäutet

2 große Zwiebeln, fein gehackt

2 große Fenchel oder 400 g Stangensellerie

6 Knoblauchzehen, gehackt

70 ml Rotwein

800 g gehackte Tomaten aus der Dose

1 TL Zucker

Salz und Pfeffer

1 große Handvoll frisches Basilikum,
grob zerpflückt

3 l Wasser

500 g Polenta

175 g frisch geriebener Parmesan,
plus etwas mehr zum Servieren

Zubereitung

Für das Ragù einen breiten, schweren Topf bei mittlerer bis starker Hitze auf den Herd setzen und 1 Esslöffel Olivenöl darin erhitzen. Das Mett auf dem Topfboden verteilen und ohne Rühren etwa 15 Minuten anbraten, bis die Unterseite braun wird. Mit einem Holzlöffel aufbrechen und aus dem Topf nehmen. Überschüssiges Fett abgießen.

Die Hitze reduzieren und das restliche Olivenöl hineingeben. Zwiebeln und Fenchel 15–20 Minuten andünsten, bis sie weich sind. Den Knoblauch zufügen und weitere 5 Minuten garen. Die Hitze auf mittlere Stufe erhöhen. Den Wein zugießen und 1 Minute aufwallen lassen. Dann Tomaten, Zucker und Mett zufügen. Die Hitze reduzieren und weitere 20 Minuten sanft köcheln lassen. Salzen und pfeffern. Das Basilikum bis auf ein paar Blätter zum Garnieren unterrühren. Die Sauce kann bereits am Vortag zubereitet werden.

Das Wasser mit 1 Esslöffel Salz bis knapp unter den Siedepunkt erhitzen. Unter Rühren die Polenta einstreuen. Bei kleiner Hitze etwa 30 Minuten quellen lassen, bis ein dickcremiger Brei entstanden ist. Fast den ganzen Parmesan unterrühren.

Den Tisch sauber abwischen. Die Polenta in zwei Portionen auf den Tisch geben, sodass alle Esser sie gut erreichen können. Das Ragù in die Mitte der Polenta geben. Mit Basilikum garnieren und mit dem restlichen Parmesan bestreuen.

Dazu passt: ein guter Chianti

⑱ Fondue Bourguignonne

Ich weiß auch nicht, warum ich mich immer ein bisschen schäme, wenn ich sage: Ich liebe Fondues. Schon wahr, sie sind ein bisschen wie Polyester-Schlaghosen und Koteletten, ein Synonym für die 1970er-Jahre, aber das ist ja nicht weiter schlimm. Mag sein, dass der gemeinschaftliche, körperkontaktfreudige Charakter des Fondues bei einigen eine gewisse Anspannung hervorruft, aber im Zeitalter der interaktiven Erfahrungen erlebt diese Art des Essens ein Comeback, und das keinen Moment zu früh.

Aber erst mal ein praktischer Hinweis: Sie können dieses Gericht nur machen, wenn Sie einen Fonduetopf mit passendem Stövchen oder einen stabilen Camping-Gasbrenner haben. Es klappt nicht, den Topf vom Herd einfach auf den Tisch zu stellen, da das Öl sehr schnell abkühlt und das Fleisch darin nicht mehr garen würde. Eben das heiße Fett ist auch der Grund, weshalb dieses Gericht nicht wirklich für kleine Kinder geeignet ist.

Was lief schief mit dem Fondue?

Ich denke, der Niedergang des Fondues hat mehr zu tun mit den schrecklich schnapsigen Käsefondues, die so viele Leute im Skiurlaub in den Alpen in mittelprächtigen Restaurants vorgesetzt bekommen haben. Genau so ein Fondue mit billigem Käse und viel zu viel derbem Fusel, das ich einmal in den französischen Alpen serviert bekam, hat auch mich für Jahre mit Fondues entzweit. Sagen wir es, wie es ist: Ein schlechtes Käsefondue schmeckt einfach grauenvoll!

Zutaten

Für 6 Personen als Hauptgericht

1 kg Rumpsteak
1 l Sonnenblumenöl

Knoblauchbutter

1 Knoblauchzehe, zerdrückt
175 g weiche Butter

Salsa verde

$4^{1}/_{2}$ EL Olivenöl
1 große Handvoll frische Petersilie,
grob gehackt
1 große Handvoll frisches Basilikum
2 EL Kapern, abgespült und abgetropft
2 EL gehackte Essiggurken
1 Knoblauchzehe, zerdrückt
4 Sardellenfilets
1 Spritzer Zitronensaft
1 TL Senf

Zum Servieren

Sauce béarnaise (siehe Seite 105)
Knoblauchbutter
Salsa verde
Pommes frites
grüner Salat

Zubereitung

Für die Knoblauchbutter den Knoblauch in die Butter rühren und bei Zimmertemperatur etwa 1 Stunde ziehen lassen. Für die Salsa verde alle Zutaten in einen Mixer geben und grob pürieren.

Das Fleisch parieren und in mundgerechte Würfel schneiden. Die Würfel auf zwei Teller verteilen.

Die Saucen in Schalen füllen und auf dem Tisch verteilen. Einen Tischgasbrenner oder ein Fondue-Stövchen in die Tischmitte stellen. Einen schweren Topf oder den Fonduetopf daraufsetzen. Das Sonnenblumenöl hineingeben und auf 190 °C erhitzen, bis ein Brotwürfel in 30 Sekunden braun wird. Pommes frites und Salat ebenfalls auf den Tisch stellen, sodass jeder sich selbst bedienen kann.

Das Fleisch auf Fonduegabeln oder lange Metallspieße stecken und im heißen Fett bis zur gewünschten Garstufe garen. Die Fleischwürfel auf den Teller geben, kurz abkühlen lassen und nach Geschmack in die Sauce dippen.

Dazu passt: ein richtig kräftiger georgischer Rotwein (falls Sie einen finden)

⑲ Nudeln Cha Ca La Vong mit Nuoc nam

Dieses Fisch-Nudel-Gericht ist so gesellig, weil es von jedem am Tisch aus einer Reihe von Zutaten individuell zusammengestellt wird. Wie so viele süßsaure Fischgerichte aus Südostasien basiert auch diese Suppe auf einer Reihe von Aromen, die sich perfekt ergänzen.

Das Gericht wurde in einem vietnamesischen Restaurant namens Cha Ca La Vong erfunden, das es in Hanoi und Saigon gibt. Mittlerweile ist es legendär. Das Gericht wurde adaptiert und aufgefrischt, sodass es jeder mit Zutaten, die in den meisten Supermärkten erhältlich sind, zubereiten kann.

Das Tolle ist, dass alle Gäste mit den Zutaten experimentieren können und sich kleinere, unterschiedliche Portionen zusammenstellen und so in zwei bis drei Anläufen mit verschiedenen Geschmackskombinationen spielen.

Vietnamesische und thailändische Zutaten

Das Rezept rechts ist für Leute adaptiert, die keinen vietnamesischen, thailändischen oder chinesischen Supermarkt um die Ecke haben. Falls es bei Ihnen einen gibt, verwenden Sie kräftiges Thai-Basilikum anstelle von normalem, Galgant statt Ingwer und Seewolf, den man häufig auch als Tiefkühlware bekommt.

Dazu passt: ein spritziger, leichter Sauvignon Blanc mit Stachelbeeraromen

Zutaten

Für 6 Personen

4 Knoblauchzehen, zerdrückt

2,5-cm-Stück Ingwerwurzel, gerieben

2 TL Kurkuma

1 EL Fischsauce

$^1/_2$ EL Zucker

$^1/_2$ rote Chili, gehackt

750 g weißes Fischfilet, in kleinen Stücken

4 EL Sonnenblumenöl

2 EL Wasser

2 große Bund Dill, gehackt (mit Stängel)

Nuoc nam

2 Knoblauchzehen, zerdrückt

$^1/_2$ rote Chili, in Ringen

3 EL Zucker extrafein

Saft von 2 Limetten

4 EL Fischsauce

1 EL Reisessig

1 EL Wasser

Zum Servieren

500 g Reisnudeln, gekocht

400 g junger Spinat

1 Bund Frühlingszwiebeln, gehackt

2 große Bund frisches Basilikum

250 g geröstete Erdnüsse, grob gehackt

Zubereitung

Knoblauch, Ingwer, Kurkuma, Fischsauce, Zucker und Chili in einer Schüssel verrühren, dann den Fisch unterheben, bis die Stücke gleichmäßig mit der Marinade überzogen sind. Mindestens 1 Stunde, besser über Nacht im Kühlschrank marinieren.

Für das Nuoc nam alle Zutaten in einer Schale verrühren, bis sich der Zucker aufgelöst hat.

Vor dem Servieren das Öl in einem Wok oder einer schweren Pfanne stark erhitzen. Die Fischstücke darin 1 $^1/_2$ Minuten von jeder Seite braten. Den Herd ausschalten und den Fisch mit dem Wasser ablöschen (Vorsicht, kann spritzen!). Den Dill zufügen. Bei geschlossenem Deckel dünsten, bis der Dill zusammengefallen ist.

Die Fischstücke in Schalen füllen und auf dem Tisch verteilen (falls Sie ein Stövchen oder eine Warmhalteplatte haben, den Fisch darauf warm halten). Nudeln, Spinat, Frühlingszwiebeln, Basilikum und Erdnüsse in Schalen auf dem Tisch verteilen. Jeder nimmt eine Schale mit Fisch, gibt ein paar Nudeln hinein und dann weitere Zutaten nach Belieben.

⑳ Grand Aioli

In dieses klassische Gericht aus Gemüse, pochiertem Fisch und Knoblauchmayonnaise habe ich mich verliebt, als ich es in einem glamourösen Hotel in Südfrankreich auf einem Foto sah. Dort wurde es mit ganzem Blumenkohl und Brokkoli serviert. Ich fand einfach unglaublich cool, Speisen auf diese Art zu servieren. Erst später wurde mir klar, dass das ganze Gemüse behutsam blanchiert und mit viel Fingerspitzengefühl angerichtet werden muss, aber da war mein Verlangen schon geweckt.

Das perfekte Grand Aioli sollte aussehen, als hätte ein fauler Koch, der keine Lust zum Einkaufen hatte, zusammengewürfelt, was noch da war. Erst beim Essen merkt man, welche Kunst und Liebe in dem Gericht steckt.

Das Wichtigste ist die richtige Präsentation. Alle Zutaten sollten in der Mitte des Tisches stehen, sodass jeder sie erreichen kann. Dann sollte man sich zurücklehnen und genießen, erst vormachen und dann zusehen, wie die anderen mit Wonne zugreifen. Ihre Gäste werden erst ein bisschen zurückhaltend sein, aber dann schnell auf den Trichter kommen.

Ich muss wohl nicht erwähnen, dass Grand Aioli ein wunderbares Sommergericht ist (aber ehrlich gesagt esse ich es das ganze Jahr über begeistert!). Die Zutaten sind recht banal und die Serviermethode noch mehr. Umso wichtiger ist es, beim Gemüse auf beste Qualität zu achten.

Abseits der Fischtradition

Puristen sträuben sich die Nackenhaare bei dem Gedanken, aber ich mache dieses Gericht gern mit einem großen Stück Lachs. Das ist etwas ungewöhnlich, weil traditionell Kabeljau oder Schellfisch verwendet wird, aber da diese beiden Arten in manchen Regionen bereits überfischt sind, denke ich, dass es Zeit ist umzudenken. Und es gibt wenig, das einen leicht pochierten Wildlachs mit Aioli schlagen könnte.

Zutaten

Für 8 Personen als üppiger Hauptgang

500 g neue Kartoffeln
400 g grüne Bohnen, geputzt
500 g junge Karotten, längs halbiert
500 g kleine Zucchini, längs halbiert
1 großer Blumenkohl, in Röschen zerteilt
1 großer Brokkoli, in Röschen zerteilt
500 g Tomaten, geviertelt
Krustenbrot, zum Servieren

Courtbouillon

2 l Wasser
230 ml Weißwein
1 Karotte, in feinen Scheiben
1 Selleriestange, in feinen Ringen
$1/2$ Zwiebel, in feinen Ringen
$1/2$ TL schwarze Pfefferkörner
2 TL Salz
1 Lorbeerblatt

1,5 kg Lachs- oder Kabeljaufilet

Aioli

4 dicke Knoblauchzehen, grob gehackt
2 Eigelb
1 TL Dijon-Senf
230 ml natives Olivenöl extra
300 ml Sonnenblumenöl
1 EL Zitronensaft
4 EL kaltes Wasser
Salz und Pfeffer

Zubereitung

Für die Courtbouillon alle Zutaten in einen großen Topf geben und 15 Minuten köcheln lassen. Den Fisch zugeben und wenn die Bouillon wieder kocht, die Hitze auf kleinste Stufe reduzieren. Bei geschlossenem Deckel 5 Minuten ziehen lassen, dann den Topf vom Herd nehmen und den Fisch abgedeckt erkalten lassen.

Für die Aioli Knoblauch mit Eigelb und Senf im Mixer zerkleinern. Bei laufendem Motor die beiden Öle nacheinander in einem dünnen Strahl zugießen. Am Ende sollte die Masse zu einer dicken Mayonnaise gebunden sein. Zitronensaft und Wasser einarbeiten, würzen und ein letztes Mal kurz mixen. Die Mayonnaise in 2 bis 3 Schalen füllen.

Leicht gesalzenes Wasser in einem großen Topf zum Kochen bringen. Die Kartoffeln darin garen. Einen zweiten Topf Wasser zum Kochen bringen und das restliche Gemüse bis auf die Tomaten jeweils 2–4 Minuten knackig garen. Den Fisch in die Mitte einer großen Servierplatte geben (falls Sie eine haben, ansonsten auf mehrere Teller verteilen). Das Gemüse ringsum anrichten. Jede Person erhält einen Teller und bedient sich selbst von Lachs, Gemüse und Aioli zum Tunken.

Dazu passt: ein gut gekühlter weißer Burgunder

3. Teuer

Teuer

Man muss nicht Unsummen ausgeben, um gut zu essen. Obwohl ...

Ich sitze auch nicht ständig in schicken Restaurants herum, allerdings gönne ich mir ab und zu das sündige Vergnügen, mein Taschengeld für die feinsten Zutaten der Welt rauszuhauen. Und ich muss sagen, ich liebe diese Momente. Manchmal muss man Ereignisse groß feiern, und manchmal muss man sich einfach einen völlig irrsinnigen Ausflug ins Reich der Delikatessen erlauben.

Gestern beispielsweise habe ich einen Stopp bei meinem Lieblingsspanier eingelegt, und als ich den *Pata-Negra-Schinken* entdeckte, war es um mich geschehen. Das Zeug hat einfach magische Anziehungskräfte auf mich. Da liegt er ganz friedlich in der fetten Schwarte, die sein wunderbares Fleisch vor dem Austrocknen bewahrt, in der Auslage und zwinkert mir verheißungsvoll zu. Seit mich dieser Schinken in seinen Bann gezogen hat, ist nichts mehr, wie es war. Ich kam also mit einem kleinen Päckchen hauchdünner Scheiben dieser göttlichen Speise nach Hause und gestand meiner Frau schuldbewusst meine Tat. Sie reagierte entsprechend: Sie runzelte die Stirn ob meiner Verschwendung, wuschelte mir wie einem frechen Kind durch die Haare und schnappte sich den Manzanilla-Sherry. Wir setzten uns auf den Küchentisch und mampften, bis alles weg war. Das nenne ich pures Glück!

Interessant finde ich, dass ein paar der im Folgenden vorgestellten Zutaten heute teuer sind, früher aber gar nichts wert waren. Austern waren ein Arme-Leute-Essen zum Auffüllen von Aufläufen und Pasteten. Steinpilze und Trüffeln kosten auf dem Markt richtig Geld, aber eigentlich sind sie frei verfügbar, wachsen in der freien Natur und werden meist von einsamen Sammlern mit Hund (oder Schwein) aufgestöbert. *Thunfisch-Toro* und *Kobe-Rind* sind zugegebenermaßen einfach pervers teuer. Dafür schmecken sie aber auch wahnsinnig gut – eben mit enormer Sorgfalt und unfassbarem Aufwand gefangen oder gezüchtet für das ultimative Geschmackserlebnis.

Die abgefahrenste Zutat in diesem Kapitel ist Gold. Ich weiß, dass es ungewöhnlich, wenn nicht unappetitlich klingt, mit etwas zu kochen, das einfach nur Aufsehen erregt und nach nichts schmeckt oder riecht. Aber wenn Sie und Ihre Freunde sich für den Rest des Lebens an einen einzigen vergoldeten Bissen erinnern, macht Sie das zu einem besseren Menschen. Wenn Sie Bilanz ziehen über die ungewöhnlichsten Dinge, die Sie in Ihrem Leben getan, und über die Abenteuer, auf die Sie sich eingelassen haben, sollten auch einige kulinarische Erlebnisse dabei sein. Ist es besser, Gold um den Hals zu tragen, als es zu essen? Wenn Sie mich fragen, nein!

Die Gerichte und Zutaten in diesem Kapitel erscheinen Ihnen außergewöhnlich und kostbar. Denn erst aus Gewohnheit erwächst Missachtung. Diese Speisen sind für besondere Anlässe gedacht, und wenn Sie alles Geld der Welt für Essen ausgeben könnten (ach, wenn es nur so wäre!), kämen Ihnen solche Kostbarkeiten sicher bald zu den Ohren heraus. Essen Sie also lieber viele verschiedene Sachen.

Das teuerste Essen muss nicht unbedingt das beste sein. Vor einer Woche habe ich in einem Township in Südafrika „Smileys" (langsam gekochte Schafsköpfe) gegessen, und die Augen waren das zarteste Stückchen Nahrung, das ich je in meinen Mund gesteckt habe. Küchenchefs auf der ganzen Welt stellen unglaubliche Sachen mit Enten an, um eine vergleichbare Textur zu erreichen, aber in Mzolis Fleischbude kostet diese Textur gerade mal lächerliche zwei Dollar. Manchmal sind eben die billigsten Sachen die besten.

Genießen Sie die folgenden sündteuren Gerichte, aber bleiben Sie nicht daran hängen. Reservieren Sie sie für besondere Anlässe, und sie werden immer wieder ihre Magie entfalten.

㉑ Risotto mit Trüffeln

Einst war ich ein junger, verarmter Kellner. Ich liebte meinen Job, weil ich dabei von den feinsten Zutaten der Welt umgeben war, aber gleichzeitig war ich ziemlich neidisch auf die Restaurantgäste, die nonchalant mit ihrem Essen spielten. Besonders litt ich, als einmal ein mit Liebe zubereiteter Trüffel-Risotto fast unberührt zurückging. Lange atmete ich das tiefe, holzige Trüffelaroma ein, bevor ich ihn schließlich in den Abfall kippte.

Am nächsten Tag meldete ich mich krank und machte mich auf, die beste Trüffel der Stadt zu suchen. Und ich fand sie auch und kaufte sie – für rund einen Wochenlohn. Sie war etwa daumengroß, und ich verliebte mich Hals über Kopf in sie. Ich gab sie mit Arborio-Reis in ein kleines Glas. Gelegentlich öffnete ich es, um zu schnuppern. Ich überlegte, was ich mit der Trüffel anfangen wollte, und machte eine Liste mit Freunden, die sie zu schätzen wüssten.

Drei Wochen später endete die Liebe zu meiner Trüffel abrupt. Ich hatte zehn Freunde zu einem Risotto eingeladen. Hingebungsvoll kochte ich den Reis und öffnete dann mein Glas. Iiiii! Die Trüffel war mit Schimmel überzogen. Katastrophe! Ich kratzte den Schimmel ab und rieb den Rest über den samtigen Reis, in der Hoffnung, noch etwas retten zu können, aber umsonst. Zu wenig, zu alt.

Die beste Art, Trüffel zu essen, ist die einfachste: über Rührei, Kartoffelbrei oder Risotto gerieben. Aber seien Sie gewarnt: Sie reichen nicht unbedingt weit. Kaufen Sie so viel Trüffeln, wie Sie sich leisten können, und genießen Sie sie mit so wenigen Ihrer besten Freunde, wie Ihr Gewissen erlaubt.

Trüffeln

Trüffeln sind unterirdisch wachsende Pilze. Schwarze findet man im französischen Perigord, weiße in der italienischen Region Alba. Sie werden mithilfe von Hunden oder Schweinen von Oktober bis Februar gesucht und geerntet. Ich liebe den Geruch von Trüffeln mehr als jeden anderen. Ich habe mir mal einen Trüffelbaum gekauft: einen Eichensetzling, dessen Wurzeln mit Trüffelsporen bespritzt waren und ein Vermögen gekostet hatte. Nach zwei Monaten war er tot, weil ich ihn ertränkt hatte. Da sieht man's wieder: Zu viel Liebe ist auch nicht gut.

Zutaten

Für 4 Personen als Hauptgericht

1 kleine Handvoll getrocknete Steinpilze

120 g Butter

1 kleine Zwiebel, fein gehackt

1 Fenchel oder 1 kleines Sellerieherz,
fein gehackt

1 Knoblauchzehe, fein gehackt

330 g Risottoreis

1 l warme Hühnerbrühe

4 EL Wermut

100 g Sahne

125 g fein geriebener Parmesan

25–50 g weiße Trüffeln (oder so viel Sie
sich leisten können), gesäubert

Zubereitung

Die Steinpilze in eine Tasse geben, mit warmem Wasser bedecken und mindestens 10 Minuten quellen lassen.

Drei Viertel der Butter in einem großen Topf zerlassen. Zwiebel und Fenchel darin unter häufigem Rühren glasig dünsten. Knoblauch und Reis untermischen und unter häufigem Rühren 2 Minuten anbraten.

Steinpilze samt Einweichwasser zugeben. Nun kellenweise die warme Brühe zugießen, dabei nach jeder Zugabe rühren, bis der Reis die Brühe aufgesogen hat. Auf diese Weise fortfahren, bis der Reis bis auf einen kleinen, festen Kern weich ist (eventuell wird nicht die ganze Brühe benötigt).

Wermut, Sahne, die Hälfte des Parmesans und die restliche Butter einarbeiten.

Auf vorgewärmten Serviertellern anrichten. Mit dem restlichen Parmesan bestreuen und über jede Portion mit einem Sparschäler etwas Trüffel hobeln.

Dazu passt: ein würziger Pinotage oder ein fruchtiger Pinot Noir (Rotwein)

㉒ Hummersalat mit Kräutermayonnaise à la Parisienne

Das zarte, saftige Fleisch eines Hummers schmeckt so fein, dass es nur kurz pochiert und mit ein paar Kräutern und einer leichten Mayonnaise garniert werden muss. Die Begeisterung für Hummer Thermidor kann ich nicht wirklich teilen – die Vorstellung, ein so zartes Fleisch mit Käse zu überziehen, ist echt schrecklich. Halten Sie es einfach und schlicht!

Hummer ist zu Recht eine sündteure Zutat und sollte besonderen Anlässen vorbehalten bleiben. Aber ganz so schlimm ist es auch wieder nicht: Das wenige Fleisch, das an diesen archaischen Kreaturen dran ist, ist unglaublich reichhaltig und ziemlich sättigend.

Le Repertoire de la Cuisine

Dieses erstaunliche Buch findet sich wohl kaum in Ihrem Bücherregal, es sei denn, Sie verbringen wie ich gerne Stunden damit, über alte, verrückte und weitgehend unwichtige kulinarische Geheimnisse zu lesen. In dem Buch, einer Art Escoffier-Ableger, werden die komplizierten Namensgebungen der französischen Küche erklärt, damit Sie den Unterschied zwischen Homard Chantecler (Curry-Hummer, serviert mit Hahnenkamm) und Homard Cardinal (pochierter Hummer mit Sauce Mornay) kennenlernen. Oft kann man die Geschichte eines Gerichts über den Namen seines Erfinders, Paten oder Meisters nachvollziehen. Abgesehen davon ist das Buch herrlich nutzlos.

Zutaten

Für 4 Personen als Hauptgericht

Salz

2 lebende Hummer (à 750 g), oder 500 g
gekochtes frisches Hummerfleisch

1 große Gurke

1 Kopfsalat

4 hart gekochte Eier, halbiert

Salz und Pfeffer

gedämpfte oder gekochte neue Kartoffeln
und Salat, zum Servieren

Mayonnaise

2 Eigelb

1 TL Dijon-Senf

100 ml natives Olivenöl extra

160 ml Sonnenblumenöl

1 EL Zitronensaft

4 EL kaltes Wasser

Salz und Pfeffer

1 kleine Handvoll Petersilie, fein gehackt

1 kleine Handvoll Dill, fein gehackt

1 kleine Handvoll Kerbelblätter
(nach Belieben), fein gehackt

Zubereitung

In einem großen, schweren Topf stark gesalzenes
Wasser zum Kochen bringen. Die Hummer dazugeben.
Das Wasser erneut zum Kochen bringen und die
Hummer 15 Minuten garen. Dann abtropfen und
auskühlen lassen.

Für die Mayonnaise Eigelb und Senf im Mixer
verrühren. Bei laufendem Motor das Olivenöl und
dann das Sonnenblumenöl in einem dünnen,
ständigen Strahl zugießen, bis eine dickcremige
Masse entstanden ist. Zitronensaft, Wasser, Salz und
Pfeffer zufügen und kurz untermischen. Die Kräuter
unterheben. Die Mayonnaise in eine Schale füllen und
im Kühlschrank aufbewahren.

Die Gurke schälen, halbieren und entkernen. Mit
einem Sparschäler in feine Streifen schneiden.

Die Hummer längs halbieren, dabei den dunklen
Darmfaden am Schwanzende herauslösen, dann den
Magensack hinter dem Kopf entfernen. Die Scheren
mit der flachen Seite eines Kochmessers aufbrechen.

Auf vier Serviertellern jeweils ein Salatbett auslegen.
Ein paar Gurkenstreifen darauf verteilen, 2 halbe Eier
und die Hummerhälften darauf anrichten. Mit Salz und
Pfeffer würzen. Einen Löffel Mayonnaise auf den Teller
geben und den Hummer mit Kartoffeln und einem
Salat servieren.

Dazu passt: ein trockener, blumiger
chilenischer Gewürztraminer

㉓ Gänsebraten mit Apfelfüllung

Gans ist ein sehr traditionelles Essen, das untrennbar mit dem Überfluss der Weihnachtszeit verbunden ist. Gänsebraten ist eines der wenigen klassischen Winterfestessen. Aber Gans ist relativ *teuer*, da die Tiere langsam wachsen und wenige Eier legen, die auch noch lange – etwa einen Monat – gebrütet werden. Aber das Geld ist gut angelegt, denn Gänsefleisch ist süß und reichhaltig, und das Fett, das beim Braten austritt, ist eine der weltbesten Zutaten für die weltbesten Ofenkartoffeln.

In Geschichte und Literatur begegnen wir Gänsen häufig. Die Römer schätzten sie sehr, und die Franzosen entdeckten auch bald ihre Vorliebe. Meine liebste Gänseszene stammt aus Charles Dickens' *Weihnachtsgeschichte*, die zu einer Zeit entstand, als Gans billig und ein weit verbreiteter Ersatz für den teureren Truthahn war (ach, wenn das bloß immer noch so wäre!). Scrooge sieht die ganze Familie Cratchit eine kümmerliche Gans verspeisen: „Nie hatte es so eine Gans gegeben. Bob sagte, er glaube nicht, dass jemals eine solche

Gans gebraten worden sei. Ihre Zartheit und ihr Fett, ihre Größe und ihr Preis waren der Gegenstand allgemeiner Bewunderung. Gestreckt durch Apfelsauce und Kartoffelbrei gab sie ein hinreichendes Mahl für die ganze Familie. Und als Mrs Cratchit ein winzig kleines Knöchelchen noch auf der Platte liegen sah, stellte sie erfreut fest, sie hätten tatsächlich nicht alles geschafft!"

Foie gras – Fettleber

Foie gras ist die vergrößerte Leber von Gänsen oder Enten. Sie entsteht, wenn den Tieren das Futter durch ein Rohr direkt in den Magen gestopft wird – eine Methode, die schon im alten Rom bekannt war. Aber warum lieben Küchenchefs auf der ganzen Welt Stopfleber, obwohl sie so teuer und so umstritten ist? Nun, sie hat eine ganz außergewöhnliche Textur und ein spezielles Garverhalten. Nur wenige Substanzen werden so weich und bleiben gleichzeitig so fest. Stopfleber wird häufig mit anderen Zutaten vermengt, um diese weicher, cremiger und reichhaltiger zu machen.

Zubereitung

Das Gänseklein herausnehmen und die Gans sorgfältig innen mit Küchenpapier auswischen. Die Leber hacken und für die Füllung beiseitelegen.

Die Butter bei mittlerer Hitze in einem großen Topf zerlassen. Zwiebel, Sellerie und Äpfel darin etwa 20 Minuten sanft weich dünsten. Leber, Karotten, Semmelbrösel und Salbei untermischen und weitere 15 Minuten sanft garen.

Den Backofen auf 220 °C vorheizen. Die Füllung in den Bauchraum der Gans geben. Übrig bleibende Füllung in einer ofenfesten Form mit der Gans im Ofen garen. Die Gans rundum mit Salz einreiben und auf einem Gitter in eine Bratform geben. 30 Minuten im Ofen braten. Dann die Temperatur auf 180 °C reduzieren und weitere 1 1/2–2 Stunden braten (die Gans ist gar, wenn beim Einstechen klarer Fleischsaft austritt). Den Braten aus dem Ofen nehmen und abgedeckt 20 Minuten ruhen lassen.

Das Fett aus der Bratform abgießen (in einer Schale auffangen und im Kühlschrank aufbewahrt für Ofenkartoffeln verwenden). Die Form bei mittlerer Hitze auf den Herd setzen. Den Bratensaft mit Wein und Brühe ablöschen und den Bratensatz unter Rühren vom Boden der Form lösen. Auf die Hälfte reduzieren.

Die Füllung aus dem Bauchraum der Gans lösen und den Vogel tranchieren. Mit Ofenkartoffeln und Rotkohl servieren.

Dazu passt: ein kräftiger Bordeaux, zum Beispiel ein Grand Cru St. Emilion

Zutaten

Für 8 Personen als Hauptgericht

1 Gans (4,5 kg), mit Gänseklein

5 EL Butter

2 große Zwiebeln, fein gehackt

5 Selleriestangen, fein gehackt

2 Kochäpfel, geschält, entkernt und gehackt

2 Karotten, geraspelt

120 g frische Semmelbrösel

1 EL frisch gehackter Salbei

Salz

100 ml Weißwein

270 ml Hühnerbrühe

Ofenkartoffeln (siehe Seite 113) und Rotkohl (siehe Seite 130), zum Servieren

㉔ Thunfisch-Toro

Von all den wichtigen Erlebnissen in meinem Leben war nur eine Handvoll der wirklich transzendentalen rein sinnlich, alle anderen waren teilweise psychologisch, durch Glück, Überraschung oder Liebe bedingt. All die rein sinnlichen Erlebnisse, über die ich hier schreiben darf, haben mit Essen zu tun, und mein erster Bissen Toro – das begehrte fette Bauchstück vom Thunfisch – gehört dazu.

Zwei kleine Rauten aus unscheinbarem, blassrosa Fleisch waren meine erste Begegnung mit Toro. Das Ganze hätte echt unspektakulär ausgesehen, wenn es nicht auf einem Eisblock von der Größe eines Tischs serviert worden wäre. So erhielt das, was ich sonst für Hackfleisch gehalten hätte, eine königliche Würde. Es war klar, dass dieses Gericht meine volle, ungeteilte Aufmerksamkeit verlangte.

Ich nahm mit meinen Stäbchen ein Stück auf, steckte den Fisch in den Mund und biss mit geschlossenen Augen hinein. Oh – mein – Gott! Das Stück schmiegte sich an meinen Gaumen und setzte in meinem Mund eine wahre Flut von Aromen frei. Ich biss noch einmal zu, und es schien fast auf meiner Zunge zu zerschmelzen. Das Aroma war zugleich zart und kräftig, aber es war die Konsistenz, die mich umhaute. Als ich

♔♔♔♔ Teuer

meine Augen wieder öffnete, stand die Kellnerin immer noch da, nun sanft lachelnd. Ich nickte ihr zum Dank zu, und sie nickte wissend zurück.

Manche Dinge müssen einfach sündhaft teuer sein, und Toro gehört dazu. Ich kann es mir nur sehr selten leisten, und das ist auch gut so. Am Ende würde ich mich noch daran gewöhnen, etwas so Sensationelles zu essen. Ich hoffe, dass ich Ihnen Ihr eigenes Toro-Erlebnis jetzt nicht verdorben habe, indem ich Ihre Erwartungen geschürt und Ihnen alles schon verraten habe. Vergessen Sie also alles, was Sie gerade gelesen haben!

Dazu passt: ein feines, klares Wasser. Hier sollte nichts anderes den Geschmack beeinflussen.

Tsukiji-Markt

Der Fischmarkt in Tokio ist einer meiner liebsten Plätze auf der ganzen Welt. Wenn ich dort leben könnte, würde ich es tun. Es ist der weltgrößte Großmarkt für Fisch und Meeresfrüchte mit 60 000 Beschäftigten. Wirklich berühmt ist der Markt für die Versteigerung von frischem und gefrorenem Thunfisch. Die Fische liegen in riesigen Hallen auf gewaschenem Betonboden, und die Käufer wandern mit kleinen Spießen herum, mit denen sie das Fleisch testen. Sie sind auf der Suche nach dem fettesten, frischesten Fisch. Die Auktionen laufen rasend schnell ab: Die Käufer sitzen auf kleinen Holzbänken, und die Auktionäre rufen und gestikulieren wie wild. Für jeden, der kein Thunfischhändler ist, ist das Ganze total unverständlich. Privatleute sind bei den Auktionen nicht zugelassen, und eigentlich ist auch der Weiterverkauf über Mittelsmänner auf dem Hauptmarkt verboten. Aber wenn man freundlich fragt, kriegt man vielleicht einen Fisch. Falls nicht, ist das auch kein Beinbruch, da rings um den Markt unzählige Sushi-Bars angesiedelt sind. Dort kann man all das kaufen, was man gerade gesehen hat. – zubereitet von den besten Fischspezialisten der Welt. Wählen Sie einen Laden mit schmuddeligen Türvorhängen. Das ist ein Zeichen, dass er gut besucht ist.

㉕ Kobe-Rind

Kobe-Rind gilt als das teuerste Fleisch, das man kaufen kann, und das hat seinen Grund. Die Rinder, von denen es stammt, sind die wohl verwöhntesten Tiere auf dem Planeten. Sie werden mit Sake massiert, mit Bier gefüttert und von den Züchtern mit Musik berieselt.

Aber was soll der Zirkus? Ganz einfach: So entsteht das zarteste, weichste und aromatischste Fleisch, das man sich vorstellen kann. Und lohnt sich der ganze Aufwand? Oh, ja!

Kobe-Rind habe ich zum ersten Mal an einem klaren, sonnigen Tag in einem tollen Restaurant in einem Hochhaus über den Dächern von Tokio gegessen. Der Küchenchef arbeitete am Teppanyaki-Grill, als ob er auf einer Bühne stünde (tat er auch, wir filmten ihn für eine Kochsendung). Diese flachen Edelstahlgrills haben die Größe eines großen Tischs. Die Gäste sitzen darum herum und essen die Gerichte, sobald sie vom Grill kommen. Es ist ein teures Vergnügen mit dem eigenen Koch pro Tisch, aber man bekommt sein Essen ganz frisch.

Der Koch holte ein großes, schönes, rosafarbenes Filetstück heraus. Er schnitt ein großes Steak davon ab, das sofort vom Manager gewogen wurde. Ich könnte schwören, dass er Dollarzeichen in den Augen hatte, aber er bemühte sich redlich, sie zu verbergen. Der Koch goss etwas Öl auf den Grill und tätschelte das Steak ein bisschen, damit ich auch sah, dass er für sein Geld arbeitete. Dann briet er es eineinhalb Minuten auf jeder Seite, schnitt es in fingerdicke Scheiben, drapierte sie auf einem Teller und schob ihn mir rüber.

Die Rindfleischscheiben sahen ganz normal aus, wie ein gut gegrilltes Steak eben. Aber als ich ein Stück in den Mund steckte, fiel ich fast vom Stuhl. Das schmeckte wie eine riesige, überreife Traube aus Rinderbutter, umhüllt von Ambrosia. Es war so weich, das Fett war köstlich angebraten und zu einer dünnen Kruste karamellisiert, die sich gegen die samtige Konsistenz innen abhob. Als ich das Rindfleisch in meinem Mund spürte, hörte ich Engelschöre in meinem Kopf „Spem in Alium" von Thomas Tallis (das schönste je komponierte Stück) singen. Was hatte ich für ein Glück, diese wunderbare Erfahrung machen zu dürfen!

Kobe-Steaks sind extrem marmoriert, und Fett ist der wichtigste Aromaträger in Rindfleisch. Die Kunst der Kobe-Mast ist es, das Fett so in die Muskelfasern zu bringen, dass das Fleisch großartig schmeckt, die Einlagerungen aber nicht zu groß sind. Tja, dieses besondere Rind ist tatsächlich die Verkörperung eines perfekten Gleichgewichts.

Wagyu

„Kobe" stammt von den zu den Tajima-ushi-Rassen
zählenden Wagyu-Rindern. Sie werden in der japanischen
Präfektur Hyogo gezüchtet, deren Verwaltungssitz
die Stadt Kobe ist. Es gibt strenge Regeln, darunter die
Fütterung mit Sake und Bier und die täglichen Massagen.
Obwohl „Wagyu" eigentlich „japanisches Rind" bedeutet, können
Wagyu-Rinder überall gezüchtet werden (es scheint auch einen
wachsenden Markt für aus Neuseeland stammende Wagyu
zu geben). Das japanische Agrarministerium steht neuen
Produzenten allerdings nicht besonders freundlich gegenüber
und verbietet die Bezeichnung „Wagyu" für Rindfleisch, das
außerhalb Japans produziert wird.

Dazu passt: ein
extrafeiner Sake (einer
aus hochpoliertem Reis.)

㉖ Kochen mit Gold

Gold zu essen, ist ein unvergessliches Erlebnis. Es ist superteuer und schmeckt nach nichts, verleiht Gerichten aber eine Magie, die anders nicht zu erreichen ist. Klar, man könnte es verschwenderisch und dekadent nennen, aber ich glaube, das würde den Punkt nicht ganz treffen. Ich fordere Sie ja nicht dazu auf, auf Ihrem Ehering herumzukauen oder Ihre Sportmedaillen zu braten. Aber wenn es etwas zu feiern gibt, oder wenn Sie vielleicht etwas Sonne in Ihrem Leben brauchen, nur zu!

Sie können Gold ohne Bedenken essen (Ihren Ehering sollten Sie aber erst in Blattgoldstärke klopfen). Es ist unverdaulich und wandert nach dem Verzehr auf direktem Weg wieder aus dem Körper hinaus.

Gold verziert Hochzeitsessen in Indien und Pakistan (manchmal in den Reis gestreut) und wird auf der ganzen Welt für Süßwaren verwendet. Patissiers dekorieren ihre schönsten Kreationen damit. Mir macht es allerdings mehr Spaß, Dinge zu vergolden, von denen man es nicht erwartet. Vergolden Sie doch mal Zitronenscheiben für den Weihnachtscocktail!

Das beste Gold für eine Verwendung in der Küche ist Blattgold. Man bekommt es in Bastelläden und im Künstlerbedarf. Es hält am besten auf leicht feuchten oder fettigen Speisen oder auf solchen, die etwas nachgeben. Würste sind gut, aber auch Jakobsmuscheln, pochierter Fisch oder gekochter Reis. Sie sollten schon beste 24-Karat-Qualität kaufen, andernfalls kauen Sie auf einer Legierung mit anderen Metallen herum, für die ich gesundheitlich keine Gewähr übernehme. Blattgold wird auf die Dicke von ein paar Atomlagen geschlagen und ist gemessen am erzielten Effekt nicht einmal sooo teuer.

Zum Vergolden gut geeignete Speisen:

Desserts mit Gelatine (auftragen, wenn die Gelatine fest geworden ist)

Kuchen

Schokolade

Käse

Randnotiz zu Monsieur Mangetout

Kein Bericht über den Verzehr von Metallen wäre komplett ohne die Erwähnung dieses Prachtkerls, der eine beeindruckende Sammlung von Fahrzeugen verspeist hat, darunter eine Cessna 150. Bei seinen Aktionen isst er etwa 1 Kilo Material am Tag und spült das fiese Zeug mit Öl und Eimern von Wasser runter. Warum er das macht, weiß ich nicht. Vielleicht, damit er in Büchern wie diesem erwähnt wird. Vielleicht mag er einfach den Geschmack von Metall. Warum auch immer, ich find's toll!

Dazu passt: Bols Danziger Goldwasser, ein Gewürzlikör mit kleinen Blattgoldflocken

㉗ Echter Kaviar

So sehr ich Snobismus beim Essen hasse, gibt es doch Gelegenheiten, bei denen es sich lohnt, auf die Zunge zu beißen und das Spiel der Reichen und Schönen mitzuspielen. Nämlich dann, wenn man einen absurd hohen Betrag für eine kleine Dose Fischeier ausgegeben hat. Ich werde mir niemals genug Kaviar leisten können, um ihn mir durch irgendein verrücktes kulinarisches Experiment zu verleiden. Zu den seltenen Anlässen, zu denen ich mir Kaviar gönne, möchte ich ihn so essen, dass er auch schmeckt.

Dies ist die klassische Variante, Kaviar zu servieren. Die Kombination mit Ofenkartoffeln mag Sie überraschen, weil Kartoffeln so gewöhnlich und billig sind, aber das ist genau der Punkt. Hier wird der Kaviar mit schlichten Zutaten serviert, die nicht dazwischenfunken, sondern dafür sorgen, dass sich seine Aromen voll entfalten. Das Trennen von Eigelb und Eiweiß bewirkt, dass der Eigeschmack dezent im Hintergrund bleibt.

Jeder bekommt eine Ofenkartoffel und gibt etwas saure Sahne und je einen Löffel Eiweiß und Eigelb auf den Teller. Der Kaviar sollte direkt aus der Dose nur wenig über Kühlschranktemperatur serviert werden. Jeder nimmt sich so viel, wie auf einen Löffel passt, ohne dass es gierig aussieht. (Sie werden von vielen Leuten ein kleines „Ups, da hab ich jetzt aber viel erwischt!" hören, bevor sie die Dose weiterreichen.) Dann kommen ganz leicht gebutterte Kartoffel mit saurer Sahne, etwas Eiweiß und Eigelb und Kaviar auf die Gabel. Manche sparen am Ei, um das Kaviararoma intensiver zu schmecken.

Zutaten

Für 4 Personen als üppige Vorspeise

8 kleine bis mittlere Ofenkartoffeln

Olivenöl

4 Eier

1 Dose (55 g) Sevruga-, Beluga- oder Osietrakaviar (oder so viel Sie sich leisten können), gekühlt

300 g saure Sahne

Dazu passt: ein Brut Champagner Rosé. Man gönnt sich ja sonst nichts.

Die andere Art, Kaviar zu essen

Okay, es gibt noch eine andere Art, wie die Superreichen ihren Kaviar essen, und zwar pur, direkt aus der Dose gelöffelt. Das Problem ist, dass eine kleine Dose Kaviar bei dieser Methode ungefähr 20 Sekunden hält. Mit der Ofenkartoffel haben Sie wenigstens die Möglichkeit, den Kaviar und seine komplexen Aromen etwas länger zu genießen und zu verstehen.

Welcher Kaviar?

Ich rede hier von dem echten Zeug: dem salzigen Rogen des Edelstörs – Sevruga, Beluga oder Osietra. Es gibt noch andere Fischeier, die lecker schmecken wie die leuchtend orangefarbenen Lachseier oder Seehasen-Kaviar (auch falscher Kaviar genannt), der gemischt mit saurer Sahne eine ausgezeichnete Pastasauce ergibt. Aber der echte, wahre Stoff spielt in einer völlig anderen Liga: Er hat eine unglaublich weiche und doch knackige, eiartige Textur mit leicht salzigem Geschmack. Kaum zu leugnen ist auch der freudige Schauder des puren Luxus.

Fake-Kaviar

In einigen Läden gibt es eine sonderbare, kaviarartige Substanz. Normalerweise verabscheue ich künstliche Lebensmittel, aber dieses Zeug schmeckt tatsächlich ganz ordentlich. Es ist eine verrückte Mischung aus Algen und wird den echten Kaviar nie ersetzen können, ist aber erschwinglich, vegetarisch und in Pasta ein echter Spaß. Probieren Sie mal, wenn Sie sie finden.

Zubereitung

Den Backofen auf 200 °C vorheizen. Die Kartoffeln leicht mit einer Gabel einstechen und mit etwas Olivenöl einreiben. Nebeneinander in eine Bratform legen und im vorgeheizten Ofen 45–60 Minuten gar backen. Vor dem Servieren am besten 15 Minuten abkühlen lassen.

Währenddessen die Eier in einem Topf Wasser zum Kochen bringen und 8 Minuten hart kochen. Abkühlen lassen, schälen und halbieren. Eiweiß und Eigelb trennen und durch ein Sieb in getrennte Schalen streichen.

Den Kaviar 5 Minuten vor dem Servieren aus dem Kühlschrank nehmen und in der Dose auf einen Servierteller stellen. Die Kartoffeln in eine Schüssel, die saure Sahne in eine Schale geben und alles zusammen servieren.

㉘ Austern

Man liebt Austern, oder man hasst sie. Ich gestehe lieber gleich, dass ich diese Schalentiere mit einer Leidenschaft liebe, die an Obsession grenzt. Aber vielleicht wäre es für Austern-Novizen ganz hilfreich, wenn ich sie zunächst einmal so leidenschaftslos wie möglich beschriebe.

Also: Wenn man eine Auster geöffnet hat, ist alles im Inneren der Schale essbar, es sei denn, Sie finden eine Perle (allerdings habe ich in all den Jahren, in denen ich Austern schlürfe, noch nie eine gefunden). Austern riechen nach Meer, was keine Überraschung ist, denn in ihren Schalen ist immer etwas Meerwasser eingeschlossen. Ihr Geschmack ist schwierig zu beschreiben, vielleicht ein bisschen wie süßes, festes Meerwasser mit einem Hauch von Muschel, und die Konsistenz ist gleichzeitig glitschig und knackig. Für die Zartbesaiteten unter Ihnen: Sie schmecken nicht wirklich nach Fisch, sie riechen nicht fischig und, auch wenn sie noch leben, wenn Sie sie essen, zucken sie nicht, wenn man sie herunterschluckt. Oft werden sie mit einem Spritzer Zitronensaft, einem Tropfen Tabascosauce oder etwas Rotweinessig mit fein gehackten Schalotten gegessen. Diese Säure passt nämlich perfekt zur Süße des Austernfleischs und unterstreicht wunderbar ihr Aroma.

Austern sind zum Symbol für Liebe, Sex, Dekadenz und Luxus geworden. Was sie aber so besonders macht, glaube ich, ist dieses magische Gefühl der Hoffnung, dass gerade in dieser Auster eine Perle sein könnte! Austern faszinieren mich. Meine Familie zieht immer noch über mich her, weil ich sie einmal dazu genötigt habe, einen ganzen, glutheißen Tag im Austernmuseum zu verbringen statt am nahe gelegenen Strand. Ich habe keine Ahnung, worüber sie sich beschweren – das Museum war toll. Man erfuhr alles über die tapferen örtlichen Austernfischer, und wie sie die Austern dazu brachten, sich an die Austernseile zu heften. Genau der richtige sozio-gastro-kulturelle Stoff für eine Zweijährige. Zufällig aß meine Tochter Daisy ihre erste Auster auch mit zwei, und auch wenn sie meine Vorliebe noch nicht ganz teilt, wage ich zu behaupten, dass es nur noch eine Frage der Zeit ist.

Dazu passt: ein staubtrockener Chablis

Austern garen

Viele Austernliebhaber schütteln den Kopf bei dem Gedanken, Austern zu kochen. Mir aber, auch wenn ich sie roh liebe, schmecken sie auch kurz gratiniert vorzüglich – gekrönt mit etwas Knoblauch, Petersilienbutter, Salz, Pfeffer und Semmelbröseln. Köstlich sind sie auch, wenn man sie in der Schale auf einen Grill setzt. Das Rauchige der Holzkohle aromatisiert die Austern, während sie in ihrem eigenen Meerwasser pochieren. Herrlich!

Wo Austern essen?

Es gibt keinen schlechten Ort zum Austernessen, solange sie superfrisch und sauber serviert werden. Meine Lieblingsorte zum Austernessen: die Austernbar in der Grand Central Station, New York, das Royal Oyster House in Whitstable in der englischen Grafschaft Kent und – vielleicht der beste von allen – die Terrasse des Les Jardins de la Mer, einem Restaurant im südfranzösischen Bouziques. Von dort kann man die Austernbänke des Étang de Thau überblicken und den tragikomischen Balladen von Georges Brassens lauschen. Oh – mon – dieu!

㉙ Pata-Negra-Schinken

Dies ist ein Buch der Superlative, und schon deshalb ist jedes Gericht auf die eine oder andere Weise einzigartig oder lebensverändernd, aber mit diesem verhält es sich anders. Pata-Negra-Schinken ist das Destillat aller guten kulinarischen Dinge – in hauchdünne Scheiben geschnitten. Er ist mein Lieblingsnahrungsmittel, und er ist nachvollziehbarerweise abartig teuer – viel zu teuer, um ihn Freunden anzubieten. Genießen Sie ihn allein mit der Liebe Ihres Lebens!

Pata Negra, was übersetzt „schwarze Klaue" bedeutet, verweist auf das schwarze iberische Schwein. Es wird in der Grenzregion zwischen Spanien und Portugal mit den Eicheln der Korkeiche gemästet. Auf Spanisch heißt der Schinken „Jamon Iberico de Montanera" oder „Jamon Iberico de Bellota". Er hat ein so außergewöhnlich intensives Aroma und eine so unglaubliche Tiefe, dass man glaubt, das Können und die Liebe, mit denen er hergestellt wird, förmlich zu schmecken. Aha, Sie verdächtigen mich, für diese Schleichwerbung Gratisschinken von den Herstellern zu bekommen? Nichts könnte weiter von der Wahrheit entfernt sein: Jedes Mal, wenn ich frage, ernte ich nur Gelächter! Die Wahrheit ist, dass sie meine Unterstützung nicht brauchen, weil alle ihre Schinken auch ohne Werbung direkt an ausgewählte Feinkostläden in der ganzen Welt versandt werden.

Ich muss gestehen, dass dies kein Gericht im Sinne von Rezept ist. Tatsächlich ist kochen das Allerletzte, was Sie mit Pata-Negra-Schinken tun sollten. Das wäre ebenso unverzeihlich wie Thunfisch-Toro zu braten oder Kaviar zu schmoren – oder sich mit einem Aston Martin DB8 durch den Berufsverkehr zu quälen. Falls Sie in Ihrem Ort keinen Pata-Negra-Schinken auftreiben können, ist die beste Lösung, das Problem mit Geld aus der Welt zu schaffen. Kaufen Sie sich den besten, ausgereiftesten und teuersten spanischen Schinken, den Sie kriegen können.

In meiner Küche steht immer ein ganzer roher Schinken (bedauerlicherweise aber kein Pata Negra) auf einem schlichten Schinkengestell in der Ecke, damit ich je nach Bedarf davon abschneiden kann. Sollte ich jemals mehr Geld haben, als ich brauche, habe ich mir geschworen, mir einen ganzen Pata-Negra-Schinken zu kaufen. Ich fürchte nur, dass dieser Tag noch auf sich warten lässt.

Das schwarze iberische Schwein

Die Vertreter dieser alten Schweinerasse sind sehr aktive Tiere mit einem großen Appetit: Je nach Jahreszeit fressen sie etwa 18 Kilo Eicheln pro Tag. Außerdem besitzen sie die praktische Eigenschaft, große Fettmengen unter der Schwarte und zwischen den Muskelfasern einzulagern, und genau deshalb scheint der Schinken so gut zu sein. Durch Salzpökeln und Lufttrocknung wird die Feuchtigkeit herausgezogen. Was bleibt, sind Eiweiß und Fett, die den Geschmack intensivieren. Beim schwarzen iberischen Schwein liegt das Fett in den Muskelfasern selbst, sodass der Schinken sehr lange getrocknet werden kann und ein intensives Aroma entwickelt. Trotzdem bleibt er feucht und seidig.

Servieren Sie zu diesem Schinken ...

eisgekühlten Manzanilla-Sherry, selbst geröstete Mandeln und Padron-Chillies (von diesen Chillies ist ungefähr jede achte richtig scharf, leider lässt sich nicht sagen, welche ... ein echtes russisches Gemüseroulette!).

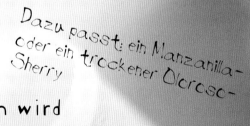

Dazu passt: ein Manzanilla- oder ein trockener Oloroso-Sherry

Wie Pata Negra gegessen wird

Trennen Sie die Schinkenscheiben vorsichtig und richten Sie sie auf einem großen Teller an. Wenn der Schinken aus dem Kühlschrank kommt, lassen Sie ihn 10 Minuten bei Zimmertemperatur ruhen.

Gönnen Sie sich schon vorab ein Glas feinen Manzanilla-Sherry.

Wenden Sie ein paar ganze Mandeln in Meersalz und schieben Sie sie für ein paar Minuten unter den vorgeheizten Backofengrill.

Wenden Sie eine Packung Padron-Chillies in Salz und ganz wenig Olivenöl und braten Sie sie dann, bis sie schwarz zu werden beginnen.

Setzen Sie sich hin. Seien Sie dankbar. Genießen Sie.

Ich beneide Sie.

㉚ Steinpilze mit Petersilie & Olivenöl

Steinpilze gehören zu den großartigsten Zutaten überhaupt – eine Tatsache, die sich leider berechtigterweise in ihrem Preis widerspiegelt. Sie haben eine unvergleichliche Aromentiefe. Wie bei Trüffeln lohnt es sich auch bei Steinpilzen, Unsummen auszugeben, um eine der großen sinnlichen Freuden im Leben zu erfahren. Die großen, festen Pilze haben weißes Fleisch und eine große Kappe wie aus dem Comicheft. Sie sehen aus wie eine Kreuzung aus Champagnerkorken und Brötchen.

Die gezeigte Zubereitungsart heißt „à la Bordelaise", berühmt wurde sie durch das 1898 erschienene Kochbuch *Traité de Cuisine Bourgeoise Bordelaise* von Alcide Bontou. Es ist immer noch die beste Art, das ganze Potenzial der Steinpilze auszuschöpfen. Zwar gibt es Hunderte von anderen Rezepten dafür, aber wie bei Trüffeln ist Mut zur Schlichtheit gefragt, wenn man das wahre Steinpilzaroma genießen will.

Steinpilze selbst zu sammeln schont den Geldbeutel sehr, und sie sind relativ einfach von den vielen, vielen ungenießbaren oder giftigen Pilzen zu unterscheiden. Zur Sicherheit sollten Sie zum Sammeln aber einen guten Pilzführer mitnehmen. Überprüfen Sie bitte auch, dass Sie gegen kein Gesetz verstoßen und keinen Grundstücksbesitzer gegen sich aufbringen.

Getrocknete Steinpilze (Porcini)

Getrocknete Steinpilze sind überall erhältlich. Sie lassen sich wirklich gut trocknen, und ihr Geschmack wird dadurch sogar noch intensiver. Beim Kochen verhalten sie sich ganz anders als frische Pilze, aber sie sind großartig in Risottos und verleihen Eintöpfen, Ragouts und Suppen eine wunderbare Tiefe. Man kann sie auch jedem Gericht mit billigeren Pilzen beimischen, um es auf ungeahnte Geschmacksebenen zu heben..

Fake-Porcini

Einmal habe ich ein paar „chinesische Porcini" auf einem Markt gekauft, die nur ein Fünftel der französischen Steinpilze am nächsten Stand kosteten. Ich habe daran geschnuppert, und sie rochen fast so wie die französischen. Also habe ich getan, was jeder anständige Gastronaut tun würde: Ich habe die ganzen sieben Kilo gekauft, die der Händler hatte, habe sie nach Hause geschleppt, ein paar meiner besten Freunde zu einem kleinen Funghi-Fest eingeladen und ihnen aufgetragen, Champagner mitzubringen. Sie kamen. Wir tranken. Ich kochte. Was für ein Albtraum! Nach dem Garen schmeckten die Pilze nach absolut gar nichts mehr. Sie schmeckten wie Styropor. Seitdem bin ich extrem skeptisch gegenüber überraschend billigen Zutaten.

Zubereitung

Zutaten

Für 4 Personen als großzügige Vorspeise

500 g feste Steinpilze
100 ml natives Olivenöl extra
Salz und Pfeffer
2 Knoblauchzehen, fein gehackt
1 große Handvoll Petersilie, gehackt
geröstetes Landbrot, zum Servieren

Die Steinpilze säubern und die Stiele von den Kappen trennen. Die Stiele grob hacken und beiseitestellen. Eine Pfanne erhitzen und das Öl hineingeben. Wenn es glänzt, die Steinpilzkappen darin anbraten. Wenn die Unterseiten zu bräunen beginnen, wenden und mit Salz und Pfeffer würzen.

Knoblauch, Steinpilzstiele und Petersilie zufügen und 5–10 Minuten sautieren, bis die Aromen freigesetzt werden und der Knoblauch etwas an Schärfe verloren hat.

Brotscheiben mit etwas heißem Öl aus der Pfanne beträufeln und zu den Pilzen reichen.

Dazu passt: ein würziger Pinot Noir aus der Neuen Welt

4. Restaurant-Klassiker

Restaurant-Klassiker

Ich gehe in Restaurants, um sinnliche Reisen zu machen, um etwas zu erleben, das ich zu Hause nicht haben kann: die perfekte Verwendung von Zutaten und Werkzeugen, die es in der heimischen Küche nicht gibt. Wenn ich im Restaurant war und nichts Neues probiert, keine ungewöhnliche Kombination kennengelernt oder kein mit unerreichbarer Perfektion zubereitetes Gericht gegessen habe, frage ich mich: Was soll das? Einfach nur Interessantes, Leckeres und Faszinierendes kann ich auch zu Hause kochen, und zwar für den Bruchteil des Geldes, das ich im Restaurant lasse.

Gute Restaurants müssen nicht teuer sein. Mich zieht es regelmäßig in ein türkisches Oçakbasi-Restaurant mit einem offenen Holzkohlegrill mitten im Raum. Es ist wirklich nur ein Häufchen Holzkohle, aber auf diesem bescheidenen, halb erloschenen Feuer entlockt ein mürrisch dreinblickender, türkischer Koch Lammfleisch ungeahnte Aromen, die meinen eigenen Grill bittere Tränen weinen lassen. Für dieses sinnliche Erlebnis verlangt der Kellner gerade einmal so viel, wie in einem hippen Restaurant eine Flasche Mineralwasser kostet.

Es gibt einige Gerichte, die – das gebe ich zu – im Restaurant besser schmecken als zu Hause: Fisch mit Pommes, Gerichte mit Karamellfäden oder Oktopus und alle Arten von Millefeuilles. Aber die Rezepte in diesem Kapitel sind solche, die einfach mit nach Hause genommen und „originalgetreu" mit einer haushaltsüblichen Ausstattung nachgekocht werden können.

Interessant ist, dass viele der Gerichte in diesem Kapitel einen Hauch von 1970er-Jahren ausstrahlen. *Filet Wellington*, *Gebratene Lammkrone* und *Saltimbocca* sind fest in der Zeit der Polyesterschlaghosen verwurzelt. Oder es gab sie schon immer, aber ich habe erst in den 1970er-Jahren entdeckt, dass Menschen in Restaurants gehen. Es sind echte Klassiker, die vielleicht aus der Mode kamen und wiederentdeckt wurden. Ich liebe Gerichte mit ein bisschen Patina, vor allem wenn sie Schlaghosen hat.

Es gibt Gerichte, die sich kompliziert anhören, aber eigentlich ganz einfach zu Hause zuzubereiten sind: *Steak Tatar*, *Gebratene Entenbrust* und *Saltimbocca*. Dann sind da ein paar kompliziertere, wie *Filet Wellington* oder *Poule au Pot* und natürlich der alte Klassiker *Steak mit Sauce béarnaise*. Alle Gerichte sind im Restaurant nicht gerade billig, zumal ja auch Miete, Geschirrspüler, Gewinnspanne und Arbeitskraft mitbezahlt werden müssen.

Ich hoffe, dass dieses Kapitel Sie dazu anregt, einige der Gerichte selbst zu kochen, die bislang zum Restaurantinventar gehört zu haben schienen. Zusammen können wir die Vorhängeschlösser sprengen, sie aus den Restaurants befreien und zu Hause genießen!

(31) Steak Tatar

Die Tradition, rohes Fleisch mit rohem Ei und essigsauren Zutaten zu essen, scheint ihren Ursprung in Deutschland zu haben. Heute jedoch findet man das Gericht überwiegend auf den Speisekarten französischer Restaurants.

Das Wort „Steak" leitet sich vom altisländischen „steikja" für „braten" ab. „Tatar" bezieht sich auf das legendäre Volk der Tataren, das die Armee Dschingis Khans bei der Errichtung des Mongolenreichs unterstützte. Die Tataren galten als blutrünstige Barbaren. Das ist wohl der Grund, weshalb man sie mit einem Gericht aus rohem Fleisch verband.

Falls Sie das Gericht nicht kennen, hier eine kurze Zusammenfassung: Es ist eine Mischung aus rohem Rindfleisch, rohem Ei, Zwiebeln, Kapern, Tabascosauce und Worcestersauce. Hört sich fies an, was? Ist aber in Wahrheit eine feine, leckere, fast magische Kombination.

Vielleicht überrascht oder schockiert es Sie zu erfahren, dass Tatar manchmal auch mit Pferdefleisch gemacht wird. Es ist magerer als Rind und gilt als gesünder, weil Pferde nicht von Tuberkulose oder Bandwürmern befallen werden. In Südfrankreich sind „chevalines", Pferdemetzgereien, immer noch verbreitet und sehr beliebt.

Manche trauen sich nicht recht an Steak Tatar heran, weil es mit rohem Fleisch und Ei zubereitet wird. Andere essen es nur im Restaurant, weil sie Angst haben, zu Hause etwas falsch zu machen. Beides ist Unsinn! Dieses Gericht ist wirklich lächerlich einfach (und im Vergleich zur Restaurantvariante unglaublich günstig) zuzubereiten. Tatsächlich ist es vielleicht sogar besser, es zu Hause zu machen: Hier kennen Sie die hygienischen Bedingungen in der Küche genau, außerdem kaufen Sie das Fleisch selbst ein und können in Bezug auf seine Qualität absolut sicher sein. Halten Sie sich an die üblichen Regeln (rohes Fleisch im untersten Kühlschrankfach lagern, separate Schneidebretter für Rohes und Gekochtes und absolut saubere Küche), und alles ist gut!

Erwähnen Sie beim Kauf des Fleisches, dass es für Steak Tatar bestimmt ist. Ein guter Metzger wird Ihnen dann wahrscheinlich ein besonders schönes Stück heraussuchen. Sie sollten bestes, gut abgehangenes Steak kaufen. Aber kommen Sie bitte nicht auf die Idee, es vom Metzger durch den Fleischwolf drehen zu lassen. Das Fleisch muss von Hand klein geschnitten werden. Und lassen Sie sich nicht von saftigem, leuchtend rotem Fleisch verführen – das ist wahrscheinlich nicht gut abgehangen, wässrig und ohne Geschmack.

Zutaten

Für 4 Personen als Hauptgericht

500 g erstklassiges Filet- oder Rumpsteak

2 EL Petersilie, fein gehackt

2 EL Kapern, fein gehackt

2 EL Schalotten, fein gehackt

2 EL Essiggurken, fein gehackt

4 Spritzer Tabascosauce

4 Spritzer Worcestersauce

2 EL Dijon-Senf

1 TL feines Salz

4 Eigelb (in einzelnen Tassen)

Pommes frites oder Salzkartoffeln,
zum Servieren

Zubereitung

Alle Zutaten, das Schneidebrett und die Rührschüssel sollten gekühlt sein. Vor der Zubereitung also alles 20 Minuten in den Kühlschrank stellen und erst bei Bedarf herausnehmen.

Das Rindfleisch von Hand fein hacken. Nehmen Sie sich Zeit und zermatschen Sie das Fleisch nicht, sonst verliert es seine Textur und den ganzen Saft. Das Fleisch in die gekühlte Schüssel geben. Alle Zutaten bis auf das Eigelb zufügen und mit einer Gabel einarbeiten.

Die Masse zu 4 Kugeln formen und jeweils eine Vertiefung in die Mitte drücken. Bis zum Servieren in den Kühlschrank stellen.

Direkt vor dem Servieren die Kugeln auf Servierteller setzen und je ein Eigelb in die Vertiefung geben.

Mit Pommes frites oder Salzkartoffeln servieren. Sagen Sie Ihren Gästen, dass sie das Eigelb unter die Fleischmasse mischen sollen.

Dazu passt:
ein eisgekühlter Bischgras-
Wodka

㉜ Filet Wellington

Es gibt ziemlich viele fantastische Geschichten zu diesem sehr britischen Gericht. Aber konzentrieren wir uns erst einmal darauf, wie großartig es schmeckt. Im Grunde besteht es aus einem Stück feinem Rindfleisch, das mit einer Mischung aus Pilzen, Leberpastete, Madeira und manchmal Trüffeln bestrichen und dann, in einen luftig lockeren Blätterteig geschlagen, im Ofen gebraten wird. Man kann auch erwarten, dass es gut schmeckt, schließlich wird dafür mageres Filet, das beste und teuerste Stück vom Rind, verwendet. Aber das war noch nicht alles. Die Garmethode heißt „en croûte" (im Teigmantel), und die Schicht aus Pâté und Pilzen zwischen Fleisch und Blätterteig sorgt dafür, dass das Fleisch indirekt sehr sanft wird und gleichmäßig gart.

Ich will Ihnen nichts vormachen: Dieses Gericht braucht seine Zeit, je nach Übung zwischen 1 und 2 Stunden. Aber es ist ein raffiniertes, festliches und erwachsenes Essen, ideal für mehrere Gäste. Alltags, wenn die Kinder aus der Schule kommen, wird man es wohl eher nicht zusammenbasteln. Aber wenn Sie ein paar Menschen eingeladen haben, die Sie gern verwöhnen möchten, kann ich Ihnen dieses Gericht bei allem Aufwand nur sehr ans Herz legen.

Wellington

Vermutlich wurde dieses Gericht nach Arthur Wellesley, dem ersten Duke of Wellington, benannt, einem der großen britischen Feldherren des 18. Jahrhunderts und für einige einer der größten Generale aller Zeiten. In der inzwischen sprichwörtlichen Schlacht bei Waterloo fügte er Napoleon eine vernichtende Niederlage zu, außerdem war er zwei Mal britischer Premierminister. Niemand weiß, ob dieses Gericht tatsächlich zu seinen Ehren kreiert oder „nur" nach ihm benannt wurde. Jedenfalls war Beef Wellington auch das Leibgericht eines anderen wichtigen britischen Premiers: Sir Winston Churchill.

Zutaten

Für 6 Personen als Hauptgericht

2 EL Oliven- oder Pflanzenöl

1,5 kg Rinderfilet aus dem Mittelstück, pariert

Salz und Pfeffer

5 EL Butter

300 g Pilze, gehackt

2 Knoblauchzehen, zerdrückt

150 g glatte Leberpastete

einige Tropfen Trüffelöl (nach Belieben)

1 EL frische Petersilie, fein gehackt

2 TL scharfer Senf

500 g Blätterteig

1 Ei, leicht verquirlt

blanchiertes grünes Gemüse und
Wurzelgemüse aus dem Ofen,
zum Servieren

Zubereitung

Eine große Pfanne bei starker Hitze auf den Herd setzen und das Öl hineingießen. Das Filet mit Salz und Pfeffer einreiben und rundum scharf anbraten. (Bei dieser Methode bleibt das Fleisch blutig; für durchgebratenes Fleisch anschließend 20 Minuten bei 200 °C im Backofen garen.) Das Filet aus der Pfanne nehmen und abkühlen lassen.

Die Butter bei mittlerer Hitze in einer Pfanne zerlassen und die Pilze darin 5 Minuten anbraten. Die Hitze reduzieren, den Knoblauch zufügen und weitere 5 Minuten garen. Pilze und Knoblauch in eine Schüssel geben. Pastete, Trüffelöl (falls verwendet) und Petersilie zugeben und mit einer Gabel verrühren. Abkühlen lassen.

Den Senf auf das angebratene bzw. zusätzlich im Ofen gegarte Filet reiben. Den Blätterteig zu einem Rechteck ausrollen, das groß genug ist, um das Filet ganz darin einzuschlagen und auch noch einen Rest zu behalten. Die Pilzmasse in der Teigmitte in der Form des Filets verstreichen und das Filet darauflegen. Die Teigränder mit dem Ei bestreichen und Längs- und Querseiten so über das Filet schlagen, dass es vollständig mit Teig umhüllt ist.

Das Rinderfilet mit der Naht nach unten in eine Bratform legen und den Teig mit Ei bestreichen. Im Kühlschrank 15 Minuten ruhen lassen. Währenddessen den Backofen auf 200 °C vorheizen. Das Filet im vorgeheizten Ofen 50 Minuten garen. Nach 30 Minuten prüfen, ob der Teig schon goldbraun ist. Falls ja, mit Alufolie abdecken, damit er nicht verbrennt.

Mit dem Gemüse servieren.

Auf dem großen Friedhof der Kochrezepte ruht eine ganze Reihe von peinlichen, aber auch wunderbaren Gerichten, die eines Tages aus der Mode kamen. Erinnern Sie sich? Hummer Termidor, Käsefondue, Coq au Vin und alles mögliche im Speckmantel? Ein paar Gerichte sind wohl endgültig Geschichte: Haferschleim und Maisbrei (mögen sie in Frieden ruhen!). Lammkrone ist die Großmutter aller Gerichte, in den 1970er-Jahren wurde es mit diesen kleinen, kochmützenartigen Papiermanschetten serviert. Dieses Rezept ist aber nicht nur kulinarische Nostalgie (auch wenn man mir nachsagt, dass ich einen Hang dazu habe), sondern die Huldigung eines wirklich wunderbaren Gerichts.

㉝ Gebratene Lammkrone

Bei diesem klassischen Modegericht aus den 1970ern wird Lammsattel verarbeitet. Er ist teuer, zart und einfach köstlich, mit dem mageren Filetstück in der Mitte. Wenn Sie dieses edle Stück wählen, werden Sie sehen, dass der Aufwand für die Zubereitung relativ gering ist. (Wenn ich dieses Gericht zubereite, ist mir zwischendurch regelrecht langweilig.)

Natürlich braucht man die weißen Papiermanschetten nicht unbedingt. Aber vielleicht sollten Sie sie als notwendiges Zeichen Ihres Respekts betrachten. In vielen Kaufhäusern oder im Küchenbedarf kann man sie noch kaufen. Aber Ihre Kinder finden es vielleicht auch lustig, welche zu basteln.

Zutaten

Für 4 Personen als Hauptgericht

4 Schweineschnitzel, pariert

4 große, dünne Scheiben Parma- oder
San-Daniele-Schinken

4 große Salbeiblätter

100 g Butter

200 ml Marsala, Madeira oder trockener Weißwein

Schwenkkartoffeln und grüner Salat, zum
Servieren

Zubereitung

Die Schnitzel auf ein Schneidebrett legen und mit
einem Fleischklopfer oder einer Teigrolle plattieren,
bis sie dieselbe Größe haben wie die Schinkenscheiben.
Die Schinkenscheiben ausbreiten und je ein Schnitzel
darauflegen. Auf das untere Ende jeweils ein Salbeiblatt
legen und das Fleisch aufrollen. Mit einem kleinen
Holzspieß feststecken. Der Schinken sollte auf der
Außenseite sein.

Einen breiten, schweren Topf bei starker Hitze auf
den Herd setzen. Die Butter darin zerlassen und die
Fleischröllchen rasch rundum anbräunen. Mit dem
Marsala ablöschen. Die Hitze so reduzieren, dass der
Wein köchelt. Bei geschlossenem Deckel 10–15 Minuten
dünsten, bis das Fleisch gar ist. Die Röllchen aus dem
Topf nehmen und warm halten. Die Hitze erhöhen und
die Sauce 2 Minuten einkochen.

Die Fleischröllchen auf vorgewärmten Tellern mit
Schwenkkartoffeln anrichten und mit etwas Sauce
überziehen. Einen kleinen Salat dazu reichen.

Dazu passt: ein guter
südafrikanischer
Pinotage

5. Klassiker aus aller Welt

Klassiker aus aller Welt

Ach, hätte ich doch nur 1000 Seiten mehr, auf denen ich von meinen wundersamen kulinarischen Abenteuern rund um den Globus berichten könnte. Aber in diesem Buch geht es nun mal darum, nur die 101 tollsten Gerichte der Welt abzuhandeln. Bei diesem Kapitel ist es mir besonders schwergefallen, meine zehn Favoriten zu wählen – nicht zuletzt, weil jedes Gericht, das ich je gegessen habe, voller Erinnerungen an außergewöhnliche Menschen und Orte steckt.

Es gibt 193 Länder, die allgemein als unabhängige Staaten anerkannt werden (wenn man die nicht allgemein anerkannten, umstrittenen Staaten und abhängigen Territorien mit einbezieht, sind es nahezu 250). Alle haben ihre eigene stolze kulinarische Tradition, weshalb die Auswahl von zehn Gerichten für dieses Kapitel zwangsläufig bedeutet, unzählige fantastische Speisen wegzulassen. Diejenigen, die ich schließlich ausgewählt habe, gehören für mich zu den charakteristischsten oder haben eine ganz besondere Geschichte.

Von allen Länderküchen, die ich kennengelernt habe, hat die chinesische mich am meisten beeindruckt. Sie ist nicht immer besonders raffiniert oder schick, aber sie hat eine unglaubliche Bandbreite: von gebratenen Insekten über gegrillte Schlangenhäute bis hin zu Yak-Penissen und Fischblasen. Aber keine Angst, ich habe hier die gaumenfreundlichere und leichter zu beschaffende Pekingente für Sie ausgesucht. Sie gehört zu meinen Leibgerichten, weil sie interaktiv ist: Sie bereiten zwar alles vor, aber zusammengestellt und gerollt werden die kleinen Pfannkuchen von Ihren Gästen, und dieser kreative Akt hat seinen eigenen Zauber.

Dieses Kapitel steckt voller verschiedener Aromen – vom frischen Zitrusaroma der *Ceviche* bis hin zu den intensiven, warmen Aromen des *Tandoori-Hähnchens*. Diese aufregenden Geschmackserlebnisse entführen Sie auf eine kulinarische Weltreise.

Natürlich finden sich in diesem Kapitel viele europäische Gerichte. Aber ich habe beschlossen, nicht auf den Pfaden Escoffiers und Carêmes und der feineren französischen Küchenklassiker zu wandeln, hauptsächlich weil sich viele davon schon in den anderen Kapiteln dieses Buches tummeln. Stattdessen habe ich mich für die derben *Rillettes* entschieden – ein einfaches, rustikales französisches Gericht, das für mich all das Gute der ländlichen französischen Küche einzufangen scheint. Der Glanz der italienischen Küche wird hier auf *Osso buco* eingedampft – die Quintessenz einfacher, ehrlicher Küche mit guten, günstigen, anständigen Zutaten.

Ich muss gestehen, dass ich eine große, patriotische Vorliebe für *Englisches Roastbeef* mit allen klassischen Beilagen – Yorkshire Pudding und Meerrettichsauce – habe. Als ich ein Kind war, gab es bei uns selten, wenn überhaupt, das teure Stück aus dem Rücken, das den Sonntagsbraten erst zu einem perfekten Essen macht. Deshalb habe ich erst relativ spät in meinem Leben gemerkt, wie gut so ein Sonntagsbraten schmecken kann. Inzwischen weiß ich es besser, und nichts gibt mir ein so wohliges Gefühl wie ein anständiges Sonntagsessen.

Deshalb danke ich der Welt für die Vielfalt, die sie uns schenkt, und für die anderen 6,7 Milliarden Menschen, die auf ihr leben, essen, kochen und mit allem experimentieren, was da sprießt und gedeiht, und Aromen und Texturen zu Kultur und Tradition verarbeiten.

④ Englisches Roastbeef (mit allem Drum und Dran)

Dieser Braten gehört eindeutig in meine Top 10. In Großbritannien ist er das Sonntagsessen für die ganze Familie. Und ohne Ofenkartoffeln, Yorkshire Pudding, glasierte Karotten, gedämpftes grünes Gemüse und Sahnemeerrettich geht gar nichts. Ich muss zugeben, dass mir beim Schreiben dieser Zeilen schon wieder das Wasser im Mund zusammenläuft, und ich weiß schon, was es nächsten Sonntag bei uns zu essen geben wird.

Der Spottname der Franzosen für die Briten ist „les rosbifs", was a) grammatikalisch dürftig, b) eine kindische Reaktion auf die ebenso kindische britische Angewohnheit, die Franzosen „frogs" zu nennen, und c) voll in Ordnung ist, denn wenn sie noch nicht gemerkt haben, wie gut ein gelungenes Roastbeef ist, bleibt mehr für mich übrig!

Vielleicht werden Sie sich über die kurze Garzeit wundern und darüber nachdenken, den Braten etwas länger im Ofen zu lassen. Tun Sie das bitte nicht! Wenn Sie Ihr Fleisch nicht blutig mögen, rate ich Ihnen kategorisch von diesem Gericht ab, denn Sie werden nicht nur vom Geschmack tief enttäuscht sein, sondern auch wegen des Geldes, das Sie für das Fleisch hingelegt haben. Roastbeef wird englisch gegessen oder gar nicht!

Zutaten

Für 8 Personen als Hauptgericht

Yorkshire Pudding

220 g Weizenmehl, gesiebt

6 Eier

$^1/_2$ TL Salz

625 ml Milch

2 EL Pflanzenöl oder Schmalz

Ofenkartoffeln

2 kg Kartoffeln, geschält

6 EL Sonnenblumenöl oder Gänseschmalz

Salz und Pfeffer

3 kg gut abgehangenes Roastbeef am Knochen

Olivenöl

Salz und Pfeffer

$^1/_2$ EL Weizenmehl

200 ml kräftige Hühnerbrühe

200 ml Rotwein

Zum Servieren

glasierte Karotten

gedämpfter Brokkoli

Sahnemeerrettich

Senf

Zubereitung

Für den Yorkshire Pudding Mehl, Eier und Salz in einer Schüssel verrühren. Dann nach und nach die Milch mit einem Schneebesen unterrühren, bis ein glatter Teig entstanden ist. Beiseitestellen (nicht kalt stellen!).

Die Ofenkartoffeln in einem großen Topf mit leicht gesalzenem Wasser 10 Minuten kochen. Abtropfen lassen, dann in Öl, Salz und Pfeffer wenden. Nebeneinander in eine Bratform geben.

Den Backofen auf 220 °C vorheizen. Eine Bratform (40 cm x 25 cm) zum Vorwärmen für den Yorkshire Pudding auf den Ofenboden stellen.

Das Roastbeef großzügig mit Olivenöl, Salz und Pfeffer einreiben und in eine zweite Bratform setzen. 30 Minuten im Ofen braten. Die Temperatur auf 160 °C stellen. Die Kartoffeln in den Ofen geben und mit dem Roastbeef 60 Minuten braten. Das Fleisch herausnehmen und die Hitze wieder auf 220 °C erhöhen. Das Fleisch mit Alufolie abdecken und mindestens 30 Minuten ruhen lassen.

Das Öl in die vorgewärmte Form gießen und im Ofen 5 Minuten erhitzen. Die Form wieder herausnehmen und den Pudding-Teig einfüllen. 20 Minuten backen. Inzwischen für die Sauce das Mehl in den Bratensaft streuen. Brühe und Wein zugießen und bei mittlerer Hitze auf dem Herd auf etwa die Hälfte einkochen.

Yorkshire Pudding und Kartoffeln aus dem Ofen nehmen. Den Braten entbeinen und das Fleisch in Scheiben schneiden. Mit Kartoffeln, Yorkshire Pudding, Karotten, Brokkoli, Sahnemeerrettich und Senf servieren.

Dazu passt: ein Crozes Hermitage

㊷ Knusprige Pekingente

Dies ist eine köstliche Kombination aus dünner, knuspriger Haut, saftig zartem Fleisch und dem tiefen Aroma der Marinade. Pekingente finde ich deshalb so toll, weil es ein interaktives Gericht ist, bei dem jeder sein Essen selbst macht, indem er Pfannkuchen mit etwas Fleisch, einem Löffel Sauce und ein paar Frühlingszwiebeln füllt.

Ich hatte immer geglaubt, dass Pekingente ein abgehobenes, kompliziertes Essen ist, für das man viel Erfahrung, eigenartige Zutaten und obskure Utensilien braucht, aber das stimmt ja gar nicht. Die Zutaten sind heute überall erhältlich. Natürlich könnte man sich einen Lehmofen basteln und ihn an Ketten an der Decke aufhängen, aber auch in einer durchschnittlichen Küche kann man prima Pekingente machen. Sie wird in Hoisin-Sauce und Honig mariniert. Und damit die Ente richtig gut wird, sollten Sie sie über Nacht marinieren. Um Ihnen das Leben zu erleichtern, empfehle ich ohne Skrupel Hoisin-Sauce aus der Flasche und fertige Pfannkuchen.

Wo man Pekingente isst

In China gibt es einen Namen, bei dem sämtlichen Enten im Reich der Schrecken in die Flügel fährt: Quanjude. Das hat seinen Grund. Dieses Pekinger Restaurant wird von all jenen, die sich über so etwas Gedanken machen, als das Weltzentrum für Pekingente angesehen. Enten, die ihr hier vorbeikommt, lasst alle Hoffnung fahren! Wenn sich die Augen erst einmal an den Anblick von Kilometern von roten Polyestervorhängen, Teppichen und Tischwäsche gewöhnt haben, erkennt man gleich, dass sich hier alles um Enten dreht. Die Köche bringen die Vögel sogar an den Tisch und tranchieren sie meisterhaft in 60 Einzelteile.

Das Fingerspiel

Dieses Spiel ist Tradition beim Pekingentenessen. Suchen Sie sich einen Spielpartner. Denken Sie sich eine Zahl zwischen 0 und 10 aus, und nach einem „Eins, zwei, drei, los!" halten beide Spieler eine Hand hoch mit beliebig vielen ausgestreckten Fingern und rufen gleichzeitig die ausgedachte Zahl laut aus. Die Person, deren ausgedachte Zahl mit der Summe der ausgestreckten Finger übereinstimmt, gewinnt. Der Verlierer muss eine Strafe bezahlen, üblicherweise ein Getränk. Aber Achtung: Dieses Spiel kann sowohl süchtig als auch betrunken machen.

Zutaten

Für 6 Personen als Hauptgericht

1 Ente (2–2,5 kg)
3 EL Honig
160 ml Hoisin- oder Pflaumensauce, plus
etwas mehr zum Servieren
1 Spritzer warmes Wasser

Zum Servieren

etwa 30 kleine Pfannkuchen für Peking-
oder Mandarinente
1 Gurke, in sehr feinen Streifen
6 Frühlingszwiebeln, in feinen Ringen

Zubereitung

Die Ente ausnehmen und überschüssiges Fett aus dem Bauchraum herausschneiden. Honig und Hoisin-Sauce in einer Schale verrühren und mit einem Spritzer warmem Wasser verdünnen. Die Ente damit rundum bestreichen und ohne Abdeckung (die Haut muss trocknen) im untersten Kühlschrankfach 4 Stunden oder über Nacht marinieren. Ein kühler Vorratsraum wäre perfekt.

Den Backofen auf 200 °C vorheizen und die Ente 30 Minuten braten. Die Temperatur auf 180 °C reduzieren und weitere 75 Minuten braten. Regelmäßig prüfen, dass die Haut nicht zu dunkel wird (sie sollte ein dunkles Rotbraun haben, aber nicht schwarz werden), ansonsten locker mit Alufolie abdecken.

Wenn die Ente gar ist, das Fleisch entweder mit zwei Gabeln zerkleinern oder in kleine Scheiben mit je etwas Haut und Fett tranchieren. Die Pfannkuchen nach Packungsangaben in einem Dämpfer aufwärmen.

Das Entenfleisch in einer vorgewärmten Schüssel zusammen mit Gurkenstreifen, Frühlingszwiebeln und Hoisin-Sauce servieren. Jeder nimmt einen Pfannkuchen, verstreicht etwas Sauce in der Mitte, belegt ihn mit etwas Entenfleisch, Gurke und Frühlingszwiebeln und rollt ihn auf.

Dazu passt: ein chinesisches Qingdao-Bier

㊸ Rillettes

Dieser himmlische, leberwurstartige Aufstrich aus Schweinefleisch ist eines der bestgehüteten Küchenge-heimnisse Frankreichs. Wenn Sie Rillettes in der Glastheke einer französischen Metzgerei suchen, werden Sie vermutlich enttäuscht. Wenn Sie es auf einer Speisekarte entdecken, ist es wahrscheinlich eine hippe, nicht wirklich authentische Version mit Lachs oder Gans. Aber warum? Die Antwort ist einfach: Kein Franzose käme auf die Idee, sein sauer verdientes Geld für etwas auszugeben, das so einfach und günstig selbst gemacht werden kann. Echte Rillettes finden Sie daher wahrscheinlich nur auf dem Küchentisch bei einem Franzosen zu Hause. Also sollten Sie entweder Französisch lernen und französische Freunde finden oder Rillettes einfach selber machen.

„Rillettes" bedeutet so etwas wie „Bretter", was wohl daran liegt, dass das Fleisch beim Verstreichen in kleine Streifen zerfällt.

Rillettes sind ein bodenständiges und rustikales Essen. Erwarten Sie also keine zarte Komposition. Das Tolle an diesem Gericht ist sein reiner, einfacher Fleischgeschmack. Die einzige Kunst bei der Zubereitung ist, das Fleisch lange und langsam vor sich hin köcheln zu lassen. Ach, und ein bisschen Selbstdisziplin wäre auch gut, denn Rillettes schmecken noch besser, wenn man sie ein paar Tage im Kühlschrank ziehen lässt, und am besten als Vorspeise mit etwas Säuerlichem wie Essiggürkchen, scharfem Senf und viel knus-prigem Brot.

Rillettes-Meister

Die Bewohner der Region Sarthe im Nordwesten Frankreichs (wo die legendären Rillettes du Mans herkommen) verzehren stolze 2,5 kg Rillettes pro Kopf und Jahr. Das ist 100-mal mehr als im Rest der französischen Republik.

Zutaten

Ergibt etwa 1,5 kg

500 g Schweineschulter
1 kg Rippchen oder Fleisch aus einem anderen
fetten Teilstück, entbeint, ohne Schwarte
275 g Schweineschmalz oder fetter Speck
500 ml Wasser
1 Bouquet garni, gebunden aus
2 Thymianzweigen, 2 Petersilienstängeln und
3 Lorbeerblättern
1 Gewürznelke
$1/2$ gemahlener Piment
frisch geriebene Muskatnuss
Salz und Pfeffer

Zum Servieren

Essiggurken · Senf
Krustenbrot

Zubereitung

Das Fleisch in 5 cm, das Fett in 1 cm große Würfel
schneiden. Beides mit dem Wasser, dem Bouquet garni
und der Nelke in einen großen, schweren Topf geben
(nicht mehr Wasser dazugeben! Das Fleisch soll sanft
gedämpft werden und zusammenfallen, nicht kochen).

Bei geschlossenem Deckel auf kleinster Stufe auf den
Herd setzen oder bei 120 °C in den Backofen stellen.
Es sollte nur ganz leicht köcheln. 4–6 Stunden garen,
dabei regelmäßig umrühren, damit nichts anbrennt.

Im Topf abkühlen lassen. Bouquet garni und Gewürznelke entfernen. Wenn die Rillettes noch leicht warm
sind, Piment und Muskatnuss zufügen und mit Salz
und Pfeffer abschmecken. Fleisch und Fett mit zwei
Gabeln vorsichtig zerteilen und mischen. Das Fleisch
sollte eine streifenartige Konsistenz haben und keine
Paste werden.

Das Fleisch mit einem Stück Wachspapier oder
Frischhaltefolie abdecken und 2–3 Tage im Kühlschrank ziehen lassen (man kann es aber auch
sofort essen!). Rillettes halten sich im Kühlschrank
mindestens eine weitere Woche. In sterilisierte Gläser
gefüllt und abgedeckt mit einer Schicht zerlassenem
Schmalz halten sie Monate.

Zum Servieren einen Löffelvoll Rillettes mit Essiggurken, Senf und Krustenbrot auf Tellern anrichten.

Dazu passt: ein schlichter Rotwein in
bauchigen Gläsern

㊹ Osso buco mit Gremolata

Osso buco bedeutet wörtlich „durchstoßener Knochen". Meist ist das eine Kalbshaxe, die mit Knochen und Mark in dicke Scheiben geschnitten und gekocht wird. Es ist eines dieser genialen, leckeren, langsam vor sich hin schmorenden Gerichte, die man stundenlang auf dem Herd stehen lassen kann und die sogar noch besser schmecken, wenn man sie im Voraus kocht und am nächsten oder übernächsten Tag aufwärmt. Wie bei vielen anderen Schmorgerichten wird auch hier relativ günstiges Fleisch verwendet. Daraus entsteht allerdings ein raffiniertes, samtiges Gericht, das auch auf die Speisekarte feiner Restaurants passen würde.

Was dem Fleisch aber wirklich den Kick gibt, ist die Gremolata, eine fruchtige Mischung aus Zitrone und Petersilie, die man erst direkt vor dem Servieren darüberstreut. Es ist, als ob das Osso buco darauf warte, wachgeküsst zu werden, und wenn die Gremolata das tut, explodiert eine unglaubliche Aromenvielfalt.

Ochsenschwanz

Viele rümpfen die Nase, wenn sie „Ochsenschwanz" hören. Aber dieser Teil des Rindes schmeckt ganz vorzüglich, und aus Ochsenschwanzstücken lässt sich ein köstliches, Osso-buco-ähnliches Schmorgericht zubereiten.

Kalbsknochen

Osso buco ist so wunderbar sämig, weil das Fleisch am Knochen geschmort wird. Die besten Freunde jedes Kochs sind Kalbsknochen. Sie enthalten viel Gelatine, die bei langem Schmoren freigesetzt wird und für die außergewöhnlich samtige Textur der Schmorflüssigkeit sorgt. Bereits ein Stück Knochen im Topf macht die Sauce sämiger und die Aromen kräftiger. Die dickeren Beinscheiben werden wegen des zarten Marks auch gern gebraten und als Brotaufstrich gegessen — lecker!

Zutaten

Für 6 Personen als Hauptgericht

40 g Weizenmehl

Salz und Pfeffer

8 Scheiben Kalbshaxe (5 cm dick)

100 g Butter

2 EL Olivenöl

2 Zwiebeln, fein gehackt

4 Selleriestangen, fein gehackt

4 Knoblauchzehen, fein gehackt

375 ml Weißwein

250 ml Hühnerbrühe

Knoblauch-Kartoffelpüree (siehe Seite 95) oder Risotto (siehe Seite 65; Gemüse und Safran weglassen), zum Servieren

Gremolata

fein abgeriebene Schale von 2 Zitronen

1 Knoblauchzehe, zerdrückt

3 EL frische Petersilie, fein gehackt

Zubereitung

Das Mehl mit reichlich Salz und Pfeffer mischen und die Beinscheiben darin wenden. Einen großen Schmortopf mit Deckel – die Beinscheiben sollten nebeneinander Platz haben – bei mittlerer bis starker Hitze auf den Herd setzen. Die Butter mit dem Olivenöl darin zerlassen. Wenn die Butter schäumt, die Beinscheiben darin von beiden Seiten anbräunen. Herausnehmen und auf einem Teller beiseitestellen.

Gemüse und Knoblauch in den Topf geben und 15–20 Minuten sanft andünsten. Mit dem Wein ablöschen, zum Kochen bringen und auf die Hälfte reduzieren. Die Beinscheiben mit der Brühe wieder in den Topf geben. Bei geschlossenem Deckel 2 Stunden sanft schmoren. Dabei regelmäßig prüfen, dass die Flüssigkeit nicht kocht bzw. das Fleisch nicht zu trocken wird. Falls nötig, weitere Brühe zugießen.

Nach 2 Stunden den Deckel abnehmen und weitere 30 Minuten garen, damit die Sauce eindickt.

Die Zutaten für die Gremolata in einer Schale mischen.

Die Beinscheiben vorsichtig aus dem Topf nehmen. Darauf achten, dass das Mark nicht aus dem Knochen fällt. Auf vorgewärmten Serviertellern mit etwas Sauce anrichten und mit Gremolata bestreuen. Mit Kartoffelpüree servieren.

Dazu passt: ein klassischer Chianti (Rotwein).

(45) Ceviche von Lachs, Wolfsbarsch & Jakobsmuscheln in Zitrussauce

Nichts schmeckt so sehr nach purem Sonnenschein wie Ceviche: ein klassisches, südamerikanisches Gericht und eine meiner bevorzugten Arten, frischen Fisch zu essen. Fantastisch geeignet sind Lachs, Forelle, Wolfsbarsch, Seeteufel, Thunfisch oder Jakobsmuscheln. Ein Ceviche wird nicht im traditionellen Sinn gekocht, ist aber auch nicht roh, weil es in einer Zitrussaftmischung mariniert wird. Das Resultat ist ein unglaublich frisches, belebendes Gericht.

Ich habe viele Ceviches probiert, die „übergart" waren, weil sie stundenlang in der Marinade lagen. Vielleicht denken Sie: je länger in der Marinade, desto intensiver die Aromen. Aber ein Ceviche kann man wirklich in Zitrussaft genauso übergaren wie unter dem Grill. Dabei wird der Fisch trocken und quietscht dann an den Zähnen. Das wäre eine Drama, denn ein gut zubereitetes Ceviche ist einfach der Kracher.

Versuchen Sie verschiedene Geschmacksnuancen

Es gibt eine ganze Reihe von wunderbaren Marinadevariationen. Probieren Sie Kombinationen mit Paprika, Tomaten, Oliven, Oregano oder Minze. Sie können auch die Zitrussäfte durch einfache oder aromatisierte Essigsorten ersetzen. Das Wichtigste ist, dass Sie eine gute, säurehaltige Basis für das „Garen" des Fisches haben.

Wie gart Zitrussaft?

Prima! Ich wusste doch, dass ich irgendwo in diesem Buch eine kleine Lektion über Lebensmittelchemie einbauen kann. Beim konventionellen Garen, sprich beim Erhitzen der Zutaten, denaturieren die Eiweißmoleküle, das heißt, ihre Struktur wird gelockert und aufgelöst, die Moleküle gerinnen und sorgen so für Festigkeit. Außerdem ist Hitze ein guter Bakterienkiller. Zitronensäure hat den gleichen Effekt auf Eiweißmoleküle, wirkt sich aber weniger auf den Geschmack aus. Daneben hat die saure Umgebung eine konservierende Wirkung. Bakterien werden entweder abgetötet oder können sich nicht mehr vermehren.

Zutaten

Für 6 Personen als Vorspeise

600 g dreierlei Fischfilets, z. B. Lachs,
Wolfsbarsch, Jakobsmuscheln, Forellen,
Seeteufel, Thunfisch, Rotzunge oder
Heilbutt, ohne Haut

Schale von 1 Limette

Saft von 2 Limetten

Saft von 1 Orange

Saft von 2 Zitronen

1 frische rote Chili,
entkernt und klein gehackt

1 Spritzer Tabasco-Sauce

2 EL natives Olivenöl extra, plus etwas mehr
zum Beträufeln

$1/2$ TL Zucker

$1/2$ Schalotte oder kleine Zwiebel,
in feinen Streifen

1 EL frischer fein gehackter Koriander

Dazu passt: ein
weicher Chardonnay
mit Honig–
und leichtem
Barriquearoma

Zubereitung

Aus den Fischfilets letzte Gräten mit einer speziellen
Grätenzange oder einer Pinzette entfernen. Der Fisch
sollte absolut grätenfrei sein. Die Filets gegen die Faser
in $1/2$ cm dicke Scheiben schneiden.

Alle restlichen Zutaten außer dem Koriander in
einer großen, nicht metallischen Form verrühren.
Die Fischscheiben hineingeben und im Kühlschrank
etwa 1 Stunde marinieren. Sie können sie auch etwas
länger im Kühlschrank lassen, falls der Fisch etwas
„durchgegarter" werden soll, aber mehr als 2 Stunden
sind tabu. Den Koriander untermischen und den
Fisch auf kleinen Serviertellern anrichten. Mit ein
paar Löffeln Marinade und wenig Olivenöl beträufeln.
Sofort servieren.

㊻ Tandoori-Hähnchen

Was ist ein Tandoor?

Ein Tandoor ist ein Tonofen, der in etwa so funktioniert wie ein Pizzaofen und extrem hoch beheizt werden kann. Die Speisen werden auf Spießen an die Seitenwände gelehnt. Der Ton verleiht dem Gargut ein ganz spezielles Aroma und erzeugt eine überaus konstante, sehr hohe Temperatur. Ich durfte schon mehrere Tandoors in Restaurants in Großbritannien und Indien benutzen, und alle waren höllisch heiß. Ich habe es noch jedes Mal geschafft, mir daran die komplette Armbehaarung zu verbrennen. Das sei völlig normal, trösteten die Köche mich dann. Vielleicht sorgt das ja für zusätzliches Aroma? In Indien habe ich auch schon Chai aus kleinen Tontassen getrunken, die dem Tee ein erdiges Aroma verliehen. Nach dem Gebrauch wurden die Tassen einfach weggeworfen. Vom hygienischen Standpunkt her super, aber doch auch überraschend für eine extrem arme Region.

Ich kann verstehen, wenn man nicht glauben will, dass man ein so spektakuläres Gericht zu Hause zubereiten kann. Aber glauben Sie mir: Das geht!

Diese Version ist vielleicht nicht absolut authentisch – dafür bräuchte man einen Tandoor (siehe links) –, aber auch ohne diesen Ofen gelingt ein fantastisches Essen. Das Tandoori-Hähnchen, das wir kennen und lieben, ist ein kräftig gewürztes Huhn, das über Nacht in einem aromatisierten Joghurt mariniert und bei starker Hitze gebraten wird. Falls Sie einen Ofen mit Drehspieß haben, wäre das ein sicherer Weg, einen tollen Geschmack und die richtige Konsistenz zu erreichen.

Zutaten

Für 4–5 Personen als Hauptgericht

1 Brathähnchen (1,5 kg)
2 TL Garam Masala
300 g Naturjoghurt
1 Zwiebel, fein gehackt
2 Knoblauchzehen, zerdrückt
2,5-cm-Stück Ingwerwurzel, gerieben
Saft von 1 Zitrone
2 EL Tomatenmark
1 TL Chilipulver
1 TL gemahlener Kreuzkümmel
1 TL Kurkuma
1 EL Paprikapulver (nicht geräuchert)
1 TL Salz

Zum Servieren

Basmati-Reis, Naan- oder Fladenbrot
Limettenspalten
scharfes indisches Limettenpickle

Dazu passt:
ein Kingfisher oder ein anderes
indisches Bier

Zubereitung

Damit die Marinade besser in das Fleisch eindringen kann, Keulen und Flügel des Hähnchens je zweimal bis zum Knochen einschneiden, in den dicksten Teil der Brusthälften je 2 flachere Einschnitte machen.

Alle anderen Zutaten im Mixer glatt pürieren. Das Hähnchen in eine große, nicht metallische Form legen und mit der Paste überziehen bzw. die Paste kräftig in Haut und Fleisch einmassieren. Das Fleisch nicht abgedeckt im Kühlschrank so lang wie möglich, vorzugsweise 24 Stunden marinieren.

Das Hähnchen 1 Stunde vor dem Garen aus dem Kühlschrank nehmen, um es wieder auf Zimmertemperatur zu bringen. Den Backofen auf 220 °C vorheizen. Das Hähnchen ohne Deckel 20 Minuten braten, dann die Hitze auf 180 °C reduzieren. Das Hähnchen mit Marinade bestreichen und weitere 35 Minuten braten. Den Ofen ausschalten und das Hähnchen bei geöffneter Tür 20 Minuten im Ofen ruhen lassen. Mit Reis, Limettenspalten und Limettenpickle servieren.

㊼ Lamm-Tagine mit Datteln & Oliven

„Tagine" heißt zum einen das köstliche marokkanische Schmorgericht und zum anderen das wie ein Hexenhut anmutende Gefäß, in dem es traditionell zubereitet wird. Zum Glück braucht man dieses Kochgeschirr nicht unbedingt, ein einfacher Schmortopf mit Deckel tut's auch. Aber Tagines sehen schön aus und verleihen dem Gericht ein angenehm erdiges Aroma.

Es gibt unzählige Tagine-Rezepte, und ich habe Hunderte davon probiert, seit meine Freunde Sam und Kely mir einen riesigen Tagine aus Marokko mitgebracht haben. Sie hatten so viel Stress damit, ihn heil nach Hause zu bekommen, dass ich es ihnen schuldig bin, den Topf so oft wie möglich zu benutzen.

Das Rezept gegenüber ist definitiv meine Lieblingsvariante. Ich liebe die Verbindung von Lammfleisch und Früchten. Wenn die Datteln zusammenfallen, verwandeln sie sich in eine herrlich sämige Sauce. Man kann sie aber auch durch andere Trockenfrüchte ersetzen – Feigen, Backpflaumen, egal. In der Not habe ich sogar schon mal eine abgelaufene Trockenfruchtmischung vom letzten Weihnachtsfest reingeworfen, und es hat großartig geschmeckt.

Wie die meisten Schmorgerichte schmecken auch Tagines aufgewärmt am besten.

Was hat es mit dem Hexenhut auf sich?

Der Tagine-Deckel ist wie ein Hexenhut geformt, und das hat seinen Grund: Beim Schmoren kondensiert der Dampf am Topfdeckel. Bei einem normalen Topf mit flachem Deckel entstehen dabei große Tropfen, die wieder in den Topf fallen. Das Gleiche passiert auch im Tagine, nur dass die Tropfen hier an der schrägen Deckelwand entlang nach unten und am Topfrand wieder in die Schmorflüssigkeit laufen. So zirkuliert die Feuchtigkeit vom Topfrand über die Mitte wieder nach oben, und die Aromen verteilen sich bestmöglich.

Zutaten

Für 8 Personen als Hauptgericht

Gewürzmischung

2 große Gemüsezwiebeln, gerieben

4 Knoblauchzehen, zerdrückt

1 rote Chili, entkernt und fein gehackt

1 TL Paprikapulver

2 TL gemahlener Kreuzkümmel

1 TL Ingwerpulver

1 TL gemahlener Pfeffer

1,5–2 kg ausgelöste Lammschulter, pariert und in 4 cm großen Würfeln

4 EL Olivenöl

250 g entsteinte Datteln

250 g entsteinte Oliven

750 ml Rotwein

10 Knoblauchzehen, geschält

1 große Handvoll frischer Koriander, gehackt

Couscous, gemischt mit Zitronenschale und Thymian, zum Servieren

Dazu passt: ein würziger Pinot Noir

Zubereitung

Alle Zutaten für die Gewürzmischung in einem Schmortopf mischen. Das Lammfleisch darin wenden und im Kühlschrank 4 Stunden oder über Nacht marinieren.

Den Backofen auf 150 °C vorheizen. Das Lammfleisch aus dem Kühlschrank nehmen. Die restlichen Zutaten bis auf den Koriander untermischen und den Deckel aufsetzen. $2^{1}/_{2}$ Stunden im Ofen schmoren, dabei nach 2 Stunden den Deckel abnehmen. Das Lammfleisch sollte ganz mürbe sein. Den Koriander untermischen und die Tagine sofort mit dem Couscous servieren.

㊽ Paella di Marisco

Paella-Regeln

Es gibt ein paar Regeln, die man für eine unvergessliche Paella beachten sollte:

1. Wenn die Brühe erst mal in der Pfanne ist, dürfen Sie den Reis nicht mehr rühren, sondern nur noch an der Pfanne rütteln. Der Reis soll ja am Boden leicht karamellisieren (aber nicht anbrennen!) und oben etwas glasieren.

2. Verwenden Sie einen breiten Topf oder eine breite Pfanne mit einem Durchmesser von 30-45 cm, vorzugsweise mit zwei Henkelgriffen. Sie können Ihr Geld natürlich auch in eine spezielle Paella-Pfanne investieren.

3. Wenn der Topf/die Pfanne größer ist als die Herdplatte, sollten sie ihn/sie regelmäßig drehen bzw. verschieben, damit der Reis gleichmäßiger gart.

Meine erste wirklich sensationelle Paella habe ich auf der Hedonisteninsel Ibiza gegessen. Ich hatte mich vom Lärmen und Treiben an den Stränden zum Wandern in die verträumten Berge geflüchtet und stolperte am Wegesrand über ein Restaurant. Die Eingangstür wurde von einem kaputten Traktor fast versperrt, und aus dem Inneren drang ein lautstarker Ehekrach. Ich lugte hinein, worauf das alte Ehepaar kurz aufhörte zu streiten, um mir zu sagen, dass es nur Paella, aber dafür einen schönen Rosado-Wein gäbe, wenn es recht sei. Ich bestellte beides.

Die Paella wurde in der Pfanne serviert, begleitet von einem eiskalten Rosado. Sie sah fantastisch aus und roch auch so. Allerlei Krustengetier und Hühnerkeulchen lugten heraus, und der goldfarbene Reis war ein Gedicht – hocharomatisch, oben locker und süß karamellisiert sowie knusprig auf dem Boden. Der Reis schmeckte nach Hühnchen und Krustentieren und wurde durch das Gemüse aufgelockert. Himmlisch!

Zutaten

Für 6 Personen als Hauptgericht

60 ml natives Olivenöl extra

1 kg Hähnchenkeulen und -flügel

250 g küchenfertiger Tintenfisch,
in mundgerechten Ringen

2 große Gemüsezwiebeln, fein gehackt

1 rote Paprika, in kleinen Stücken

6 Knoblauchzehen, fein gehackt

385 g Paellareis

1 große Prise Safran

750 ml warme Hühnerbrühe

125 ml Weißwein

4 große vollreife Tomaten, gehäutet und gewürfelt,
oder 400 g gehackte Tomaten aus der Dose

$1/2$ TL scharfes geräuchertes Paprikapulver

1 EL frische Thymianblätter

1 TL Salz

250 g Mies-, Herz- oder kleine Venusmuscheln,
gesäubert

250 g gekochte Riesengarnelen in der Schale

300 g Erbsen oder junge dicke Bohnen,
Tiefkühlware aufgetaut

1 Handvoll gehackte Petersilie

Zitronenspalten und grüner Salat, zum Servieren

Dazu passt: ein eiskalter
spanischer Rioja rosado (Rosé)
wie Marques de Caceres

Zubereitung

Einen Spritzer Öl in eine Paellapfanne geben und bei starker Hitze auf den Herd setzen. Die Hähnchenteile darin unter gelegentlichem Wenden anbräunen, aber nicht durchgaren. Beiseitestellen. Die Tintenfischringe in der Pfanne kurz anbraten und beiseitestellen. Die Hitze auf kleine Stufe reduzieren und das restliche Öl darin erhitzen. Zwiebeln und Paprika darin 15–20 Minuten weich dünsten. Den Knoblauch zufügen und weitere 5 Minuten garen. Den Reis untermischen und 1 Minute andünsten. Bis zu diesem Punkt kann alles im Voraus erledigt werden.

Den Safran in die warme Brühe geben. Brühe und Wein in die Pfanne gießen. Tomaten, Paprikapulver, Thymian, Hähnchen, Salz und Muscheln zufügen und zum Kochen bringen. Ohne Deckel bei kleiner Hitze 20 Minuten köcheln lassen. Gelegentlich an der Pfanne drehen und rütteln, damit der Reis sich nicht am Pfannenboden festsetzt, den Reis aber nicht rühren.

Die Garnelen in die Reismischung stecken. Dann Erbsen, Petersilie und Tintenfisch darauf verteilen und weitere 10–15 Minuten garen, bis der Reis fertig ist und die Flüssigkeit fast vollständig aufgesogen hat. Muscheln, die sich nicht geöffnet haben, aussortieren. Die Pfanne mit Alufolie abdecken und die Paella 5 Minuten ruhen lassen. Den Reis mit Zitronenspalten garnieren und in der Pfanne mit einem grünen Salat servieren.

49 Jambalaya

Von diesem legendären Gericht aus Louisiana mit Reis und Fleisch gibt es zwei Varianten: die Cajun- und die kreolische Version. Der Hauptunterschied ist, dass bei der kreolischen Art Tomaten verwendet werden, weshalb sie auch als „rotes Jambalaya" bekannt ist. Die Cajun-Version heißt auch „braunes Jambalaya". Die Farbe entsteht beim Anbraten des Fleischs.

Dieses Rezept ist eine Cajun-Variante und basiert auf der berühmten „Cajun-Dreifaltigkeit": Zwiebeln, Sellerie und grüne Paprika. Es ist wahrscheinlich das einzige Rezept, für das ich jemals grüne Paprika empfehlen werde! Cajun-Jambalayas verarbeiten traditionell Zutaten aus den Sumpfgebieten wie Garnelen, Austern und, neben Hähnchen, mitunter auch Alligatorenfleisch.

Gumbo

Was für ein genialer Name! Ein weiterer Klassiker aus Louisiana: ein dicker Eintopf aus einer kräftigen Brühe, Fleisch oder Schalentieren und wieder jener Cajun-Dreifaltigkeit aus Zwiebeln, Sellerie und grüner Paprika. Er ist ziemlich üppig und sättigend und hat eine interessante Geschichte, in der die französische, die spanische und die Küche der aus Westafrika stammenden Sklaven einfließen. Das Wort „Gumbo" leitet sich vom angolanischen Wort für Okra, „kingombo", ab. Okra wurde verwendet, um die Suppe anzudicken.

Zutaten

Für 6 Personen als Hauptgericht

2 EL Pflanzenöl

500 g Hähnchenbrustfilet, in Streifen

250 g Chorizo oder andere würzige Wurst

2 Zwiebeln, gehackt

4 Knoblauchzehen, gehackt

1 grüne Paprika, gehackt

3 Selleriestangen, gehackt

1 Scotch-Bonnet-Chili, fein gehackt

750 ml Hühnerbrühe

550 g Langkornreis

450 g gekochte Riesengarnelen oder
Flusskrebse

Cayennepfeffer

Salz

Zubereitung

Das Öl in einem großen Topf erhitzen. Hähnchenbrust und Wurst darin 5 Minuten bei starker Hitze rundum anbräunen. Die Hitze reduzieren. Zwiebel, Knoblauch, Paprika und Sellerie zufügen und 10 Minuten weich garen. Die Chili zugeben. Mit der Brühe ablöschen und den Reis untermischen. Bei geschlossenem Deckel 40 Minuten sehr sanft quellen lassen.

Die Garnelen zugeben und 5 Minuten mitgaren. Abschmecken und sofort servieren.

Dazu passt: ein rauchiger Sauvignon Blanc, wie Pouilly-Fumé

⑤⓪ Klassischer Sauerbraten mit Rotkohl

Zeit. Das ist das Schlüsselwort für unseren Klassiker. Drei Tage muss das Rindfleisch in Rotwein, Pfefferkörnern, Wacholderbeeren und Lorbeerblättern eingelegt werden, damit sich die Aromen voll entfalten und das Fleisch ganz mürbe wird. Und auch der Rotkohl braucht zwei Stunden. Planen Sie also im Voraus und haben Sie Geduld. Wenn ich ein zeitaufwendiges Rezept wie Graved Lachs, Bœuf en Daube (siehe Seite 144) oder Sauerbraten zubereite und so etwas Struktur in mein chaotisches Leben kommt, steigt in mir ein beinahe greifbares Gefühl der Gelassenheit auf!

Zutaten

Für 8–10 Personen als Hauptgericht

Marinade

375 ml Rotwein

270 ml Rotweinessig

250 ml Wasser

2 Zwiebeln, geviertelt

2 TL schwarze Pfefferkörner, leicht zerdrückt

2 TL Wacholderbeeren, leicht zerdrückt

4 Lorbeerblätter

2 Gewürznelken

1 EL Salz · 2 EL Zucker

1,8 kg Sauerbraten aus Unterschale oder Schaufelstück

Salz und Pfeffer

2 EL Schmalz oder Pflanzenöl

1 Zwiebel, gehackt

4 Karotten, gehackt

2 Selleriestangen, gehackt

2 EL Weizenmehl

100 ml Wasser

100 g Printen oder Lebkuchen, zerkrümelt

Salzkartoffeln und Rotkohl, zum Servieren

Zubereitung

Alle Zutaten für die Marinade in einer großen Schüssel verrühren, bis sich Salz und Zucker aufgelöst haben. Das Fleisch hineingeben und abgedeckt an einem kühlen Ort 3 Tage ziehen lassen. Morgens und abends wenden.

Den Backofen auf 170 °C vorheizen. Das Fleisch aus der Marinade nehmen und mit Küchenpapier trocken tupfen. Salzen und pfeffern. Die Marinade durch ein Haarsieb passieren (Gewürze und Zwiebeln entsorgen). In einem großen Schmortopf das Schmalz bei starker Hitze zerlassen. Den Sauerbraten darin rundum anbräunen. Aus dem Topf nehmen und beiseitestellen. Die Hitze etwas reduzieren. Nun das Gemüse 5 Minuten andünsten. Mit Mehl bestäuben und unter Rühren 2 Minuten anschwitzen. Mit 300 ml Marinade und dem Wasser ablöschen.

Den Deckel aufsetzen und den Sauerbraten im Ofen $2^{1}/_{2}$ Stunden schmoren. Dabei nach $1^{1}/_{2}$ Stunden kontrollieren, ob noch genügend Schmorflüssigkeit vorhanden ist. Gegebenenfalls etwas Marinade zugießen.

Das Fleisch aus dem Topf nehmen und abgedeckt warm halten, während die Sauce zubereitet wird. Die Schmorflüssigkeit durch ein Sieb in einen sauberen Topf passieren und mit der restlichen Marinade auf 300 ml auffüllen. Die Printen zufügen und 15 Minuten köcheln lassen, bis die Sauce eingedickt ist. Abschmecken.

Den Sauerbraten tranchieren und mit Sauce, Kartoffeln und Rotkohl servieren.

Dazu passt: ein dunkles Weizenbier

Apfelrotkohl

Zutaten

1 Rotkohl, geviertelt, Strunk entfernt und fein gehobelt

160 ml Rotweinessig

3 EL Zucker

1 EL Salz

2 Kochäpfel, geschält, entkernt und geraspelt

1 Zwiebel, fein gehackt

1 EL Johannisbeergelee

1 Lorbeerblatt

1 TL Zimt

Salz und Pfeffer

Zubereitung

Den Backofen auf 170 °C vorheizen. Alle Zutaten in einem großen Topf mischen. Salzen und pfeffern. Bei geschlossenem Deckel im vorgeheizten Ofen 2 Stunden garen, dabei alle 30 Minuten umrühren. Der Kohl sollte durchgegart und weich sein. Er kann im Kühlschrank aufbewahrt und bei Bedarf aufgewärmt werden.

6. Seelennahrung

Seelennahrung

Dieses Kapitel ist all den heldenhaften Müttern, Vätern, Liebenden, Freunden und Kümmerern gewidmet, die zu Hause tagein, tagaus kochen, egal ob sie müde, schlecht gelaunt, frustriert sind oder – Gott behüte – nicht gewürdigt werden. Es geht um Nahrung, die das Herz erwärmt, also das Gegenstück zu den Restaurant-Klassikern des letzten und den wilden Rezepten des nächsten Kapitels.

Ich verbringe mein Leben damit, über kulinarische Abenteuer zu reden und mich für neue oder ungewöhnliche Lebensmittel starkzumachen, um unser Essen interessanter zu gestalten. Ich versuche, unser kulinarisches Leben, das immer simpler, ungesünder und einseitiger zu werden droht, ein bisschen aufzupeppen. Aber ich akzeptiere auch voll und ganz, dass jeder eine gewisse Stabilität, Vertrautheit und Harmonie braucht, um der Hektik und dem Stress des Alltags zu begegnen. Auch ich esse nicht jeden Tag goldene Würste und Palmrüssler, und je komplizierter das Leben wird, umso mehr neige auch ich dazu, Gerichte zu kochen, die in diesem Kapitel zu finden sind: Essen für die Seele.

Seelennahrung ist oft das Einfache, auf altbewährte Weise zubereitet, ohne Überraschungen und Schischi, aber mit einer gesunden Menge Kohlenhydrate in leckeren, gut essbaren und leicht verdaulichen Gerichten.

Erschrecken Sie nicht vor Unbekanntem wie *Croque Monsieur* oder *Pappa Pomodoro*. Diese klangvollen ausländischen Namen sollen den absurd einfachen Gerichten – in diesen Fällen getoastete Schinken-Käse-Sandwichs und eine sämige Tomatensuppe – nur ein bisschen mehr Farbe verleihen. Natürlich haben auch diese Gerichte das gewisse Etwas, das sie für mich über alle anderen leckeren Speisen erhebt. In Frankreich ist *Cassoulet* ultimative

Seelennahrung. Dieses Gericht kann wohl selbst den grimmigsten, verhärmtesten Pariser sanftmütig stimmen.

Mein persönliches Trost- und Seelenessen ist *Fisch-Pie*. Es ist so beruhigend, so cremig und heimelig – ein kulinarisches Wiegenlied. Auch *Käse-Makkaroni* beruhigen mich enorm, und *Spaghetti bolognese* bringen mich zum Schnurren – zum Missfallen meiner Katze Tom, die glaubt, dass Schnurren eigentlich ihr Job ist.

Auch wenn es vielleicht ein bisschen dämlich klingt: Meiner Meinung nach sollte solche Seelennahrung eher die Ausnahme sein als die Regel. Essen heißt Erkunden und Experimentieren, was allerdings die gelegentliche Rückkehr zu herrlich Vertrautem umso schöner macht.

Ich habe nichts gegen einfaches Essen. Ich habe noch nicht einmal etwas gegen Burger, Fritten, Fischstäbchen und anderes Fast Food, solange es nicht jeden Tag zu jeder Mahlzeit gegessen wird (dann nämlich lebt man wirklich ungesund). Einige der am wüstesten künstlich behandelten Käsesorten der Welt zählen zu meinen besten Freunden. Als Schutzschild gegen die Fallstricke und Giftpfeile des Schicksals hat jede Art der Seelennahrung einen wichtigen Platz in der Welt jedes Gastronauten.

(51) Cremiger Fisch-Pie

Entschuldigung, aber es ist an der Zeit für einen Essen-Musik-Vergleich. Manche Gerichte sind wie Jazz – die meisten Instrumente der Band dienen als Begleitung des Solisten, der virtuos begeistert und unterhält. Nehmen Sie zum Beispiel Trüffel-Risotto oder Kaviar mit Ofenkartoffeln. Andere Gerichte sind Symphonien, harmonisch aufeinander abgestimmt spielende Instrumente, die eine Gesamtwirkung erzielen. Die meisten Gerichte in diesem Kapitel sind Symphonien und deshalb weniger dramatisch oder spektakulär als viel mehr tröstend, beruhigend und wohlig wärmend. Ich liebe große kulinarische Projekte und üppige Essen, an die sich meine Freunde ein Leben lang erinnern. Aber manchmal muss es einfach ein Essen für die Seele sein.

Fisch-Pie ist die ultimative Verkörperung einer kulinarischen Symphonie. Die Zutaten ergänzen sich so perfekt, dass man nur von „geschmeidig" sprechen kann. Fisch-Pie ist samtig, stärkend, gesund und mächtig zugleich.

Bei diesem Rezept ist nichts kompliziert. Nur sollten Sie den Fisch nicht zu lange garen. Es gibt nichts Schlimmeres als einen Pie mit trockenem Fisch, der beim Essen an den Zähnen quietscht. Und reichen Sie bloß nicht zu viele Beilagen dazu, denn alles, was Ihre Gäste wirklich zu diesem Fisch-Pie haben wollen ist ... nun, noch mehr Fisch-Pie.

Pie-Rekorde

Es gibt regelmäßig Versuche, den größten Pie der Welt zu backen. 2005 ging in New Bremen im US-Bundesstaat Ohio ein 916 Kilo schwerer Kürbis-Pie ins Rennen. Im britischen Denby Dale in West Yorkshire und East Lancashire finden regelmäßig Pie-Feste statt, bei denen rund 9 Tonnen Pies gebacken werden. Der Millennium-Pie wog 12 Tonnen und war 12 Meter lang. Er wurde im Guinnessbuch der Rekorde als größter je gebackener Pie notiert.

Dazu passt: ein Sancerre-Weißwein

Zutaten

Für 6–8 Personen als Hauptgericht

1 kg mehlig kochende Kartoffeln

160 g Butter, plus etwas mehr zum Einfetten

560 ml Milch

Salz und Pfeffer

600 g festes weißes Fischfilet, z. B. von
Kabeljau oder Schellfisch

400 g geräuchertes Schellfischfilet

3 Lorbeerblätter

40 g Weizenmehl

1 Handvoll frische Petersilie, gehackt

250 g gekochte ausgelöste Garnelen

4 hart gekochte Eier, geschält und geviertelt

4 EL zerlassene Butter

Erbsen mit Minze und Baguette,
zum Servieren

Zubereitung

Die Kartoffeln schälen, vierteln und 15–20 Minuten
in leicht gesalzenem köchelndem Wasser gar kochen.
Das Wasser abgießen und die Kartoffeln mit der
Hälfte der Butter und 2 Esslöffeln Milch zerstampfen.
Mit Salz und Pfeffer abschmecken und abgedeckt
warm halten.

Die Fischfilets mit der restlichen Milch in einen
flachen Topf geben. Die Lorbeerblätter zufügen. Bei
kleiner Hitze sanft zum Köcheln bringen und den
Fisch 4 Minuten pochieren (die Filets sollten nicht
ganz durchgegart sein, da sie noch gebacken werden).
Die Fischfilets herausnehmen und auf einen Teller
legen. Die Lorbeerblätter aus der Milch entfernen; die
Milch aufbewahren. Letzte Gräten und Haut von den
Filets entfernen. Die Filets in Stücke zerteilen. In eine
Schüssel geben und abdecken.

Die restliche Butter in einem Topf zerlassen. Das
Mehl einstreuen und unter gelegentlichem Rühren
3 Minuten anschwitzen. Nach und nach die Milch
einrühren. Petersilie, Fischstücke, Garnelen und Eier
zugeben und vorsichtig unterheben. Mit Salz und
Pfeffer abschmecken.

Den Backofen auf 200 °C vorheizen. Eine große,
flache Auflaufform mit Butter einfetten und die
Fischmischung einfüllen. Das Kartoffelpüree darauf
verstreichen und ein Muster einziehen. Mit der
zerlassenen Butter beträufeln und im vorgeheizten
Ofen 30–40 Minuten goldbraun backen.

Den Pie mit Minze-Erbsen und etwas Baguette
servieren.

⑤② Französisches Cassoulet

Wenn Sie noch nie Cassoulet gegessen haben, werden Sie sich wahrscheinlich wundern, warum die Franzosen so ein Heckmeck um eine Schüssel mit Würsten und Bohnen machen. Ist doch nur Cowboyessen, oder?

Nun ja, streng genommen besteht das Gericht tatsächlich nur aus Bohnen und Wurst plus Lamm-, Schweinefleisch (häufig auch Ente). Aber für die Franzosen ist Cassoulet weit mehr als die Summe seiner Zutaten. Es ist ihre ureigenste Seelennahrung – ein wärmendes, mütterliches Essen mit besänftigender Cremigkeit und hohem Nährwert. Es ist eine historische, kulturelle und kulinarische Tour de Force. Es gibt mindestens drei konkurrierende Varianten (alle aus dem Südwesten Frankreichs), die für sich in Anspruch nehmen, die authentische zu sein. Alle werden mit weißen Bohnen zubereitet, aber während die Version aus Castelnaudry Schweinefleisch und Schweinswürste verwendet, landen in der Version aus Carcassonne Hammel und Rebhuhn (wenn Saison ist) und in der Toulouser Variante natürlich Toulouser Würste und manchmal Hammel, Ente oder Gans. All diese Spitzfindigkeiten habe ich ignoriert, um Ihnen ein tolles, leicht nachzukochendes Rezept mit Zutaten, die überall erhältlich sind, liefern zu können. Wenn sich die Franzosen nicht einigen können, dürfen sie sich auch nicht beschweren, wenn wir uns von allem das Beste herauspicken.

Bohnen

Bohnen werden in verschiedenen Formen verzehrt. Gartenbohnen etwa werden jung und grün mit Hülse gegessen. Flageolet-Bohnen sind besonders zarte, kleine, blassgrüne oder weiße, allerdings auch relativ teure Bohnen und passen fantastisch zu Lamm. Weitaus verbreiteter sind weiße Bohnen, die normalerweise getrocknet verkauft werden und unter anderem zu den klassisch englischen Baked Beans verarbeitet werden. Getrocknete Bohnen müssen vor dem Kochen über Nacht eingeweicht werden.

Zutaten

Für 8 Personen als üppiges Hauptgericht

500 g getrocknete weiße Bohnen,
über Nacht eingeweicht

1 Bouquet garni, gebunden aus
4 Petersilienstängeln, 2 Thymianzweigen
und 4 Lorbeerblättern

1 Selleriestange, grob gehackt

3 Zwiebeln, 1 geviertelt, 2 in feinen Ringen

4 große Knoblauchzehen, 2 ganz, 2 gehackt

2 l Wasser

500 g geräucherter Schweinebauch, in
großen Stücken

2 EL Gänseschmalz oder Pflanzenöl

400 g Toulouser Würste oder grobe
Schweinswürste

400 g Lammschulter, ausgelöst,
in 4 großen Stücken

2 EL Tomatenmark

100 g frische Semmelbrösel

Salz und Pfeffer

grüner Salat, zum Servieren

Dazu passt: ein roter Côteau de Languedoc

Zubereitung

Die Bohnen abgießen und abspülen. Mit Bouquet garni, Sellerie, Zwiebelvierteln, ganzen Knoblauchzehen und Wasser in einem großen Topf zum Kochen bringen. Den Schaum von der Oberfläche abschöpfen, dann die Hitze auf kleine Stufe reduzieren. Das Ganze ohne Deckel 1 Stunde sanft köcheln lassen.

Inzwischen das Fleisch in 4 cm große Würfel schneiden. Das Schmalz in einem großen, schweren Topf zerlassen. Zuerst den Schweinebauch, dann nacheinander Würste und Lammfleisch darin bei starker Hitze rundum anbräunen. Aus dem Topf nehmen und beiseitelegen. Zwiebel, gehackten Knoblauch und Tomatenmark im restlichen Fett 2 Minuten andünsten. Aus dem Topf nehmen und abkühlen lassen.

Den Backofen auf 180 °C vorheizen. Die Bohnen abtropfen lassen, dabei die Kochflüssigkeit auffangen. Das Gemüse entfernen. Bohnen und Fleisch abwechselnd in einen großen Schmortopf schichten. Die Knoblauch-Zwiebel-Masse und so viel Bohnensud zugeben, dass die Bohnen fast bedeckt sind. Die Semmelbrösel darauf verteilen und abgedeckt 1 Stunde im Ofen garen. Die Hitze auf 140 °C reduzieren, den Deckel abnehmen und 1 weitere Stunde garen.

Das Cassoulet sollte nicht zu trocken werden. Falls nötig, etwas erwärmten Bohnensud oder Wasser zufügen. Die Semmelbröselkruste unter die Bohnen heben und mit grünem Salat servieren.

(53) Hähnchen mit 40 Knoblauchzehen

Dieses Gericht ist ein Flüchtling aus den 1970er-Jahren, der in unserem kulinarischen Bewusstsein volle Rehabilitation verdient. Der Name lässt einigen Übereifer in Sachen Würze vermuten, aber je länger Knoblauch gegart wird, desto süßer und milder wird sein Aroma. Es schmeckt natürlich immer noch eindeutig nach Knoblauch. Warum ich dieses Gericht so sehr schätze? Ich liebe Knoblauch! Und ich gestehe: Manchmal verdopple ich die Anzahl der Knoblauchzehen sogar und serviere sie als Mus, in das man die Hähnchenstücke stippen kann. Für alle Nicht-Knoblauchjunkies könnte das vielleicht ein bisschen zu viel sein.

Das Tolle an diesem Gericht – außer dem Knoblauch – ist, dass es in einem Topf zubereitet wird, wenig Mühe macht und alleine vor sich hin garen kann. Das gibt Ihnen die Zeit, genau den kräftigen Rotwein zu suchen, der zu den leichten, raffinierten Gerichten, die Sie sonst so kochen, einfach gar nicht passt.

Knoblauchkunde

Ernährungswissenschaftler und Diätexperten mit zweifelhafter Qualifikation, die ihre Erkenntnisse durch Hörensagen und nicht durch empirische Studien gewinnen, preisen die Kraft vieler Nahrungsmittel: Manche sollen aphrodisierende Wirkungen haben, andere Toxine aus dem Körper jagen, glücklicher, sexier und besser machen, Herz-, Geistes- und Milzleistung oder das Hautbild verbessern. Ich wünschte wirklich, dass sich mein Körper und Geist so einfach kontrollieren ließen. Aber leider stehe ich diesen Behauptungen allgemein skeptisch gegenüber, aus dem einfachen Grund, weil sie nur selten in klinischen Studien belegt werden können. Bei Knoblauch allerdings ist das eine ganz andere Sache. Knoblauch enthält eine Substanz namens Allicin, die erwiesenermaßen eine breite antibakterielle Wirkung hat. Dazu kommt, dass die im Knoblauch enthaltenen Enzyme Moleküle mit medizinischen Wirkungen bilden, nämlich antimykotische (sprich gegen Pilze) und antithrombotische (also blutverdünnend). Mein Freund Charlie schwört, dass er niedrigen Blutdruck hat und einmal so viel Knoblauch intus hatte, dass er ohnmächtig wurde.

Zutaten

Für 4 Personen als Hauptgericht

1 Poularde aus Freilandhaltung (1,5–2 kg)

$^1/_2$ Zitrone

40 dicke Knoblauchzehen, geschält

2 EL Olivenöl

Salz und Pfeffer

4 Thymianzweige

2 Rosmarinzweige

4 Petersilienstängel

1 große Karotte, grob gehackt

2 Selleriestangen, grob gehackt

1 Zwiebel, grob gehackt

400 ml Weißwein

Baguette und grüner Salat, zum Servieren

Zubereitung

Den Backofen auf 200 °C vorheizen. Die Poularde mit der $^1/_2$ Zitrone und 4 Knoblauchzehen füllen. Dann mit etwas Öl, Salz und Pfeffer einreiben. Die restlichen Zehen, Kräuter, Karotte, Sellerie und Zwiebeln in einem Schmortopf mit Deckel verteilen und die Poularde daraufsetzen. Mit dem restlichen Öl und dem Weißwein übergießen. Den Deckel schließen und alles 75 Minuten im Ofen garen.

Die Poularde aus der Form nehmen und zum Gartest an der dicksten Stelle mit einem Spieß einstechen. Der austretende Fleischsaft sollte klar sein. Abgedeckt warm halten. Die Knoblauchzehen herausnehmen und beiseitelegen.

Den Schmortopf bei kleiner Hitze auf den Herd setzen und den Bratensaft 5 Minuten einkochen lassen. Durch ein Sieb passieren; das Gemüse aufbewahren.

Die Poularde tranchieren und mit dem Gemüse im Schmortopf servieren. Die Knoblauchzehen zu Mus zerdrücken und auf die Brotscheiben streichen. Mit einem grünen Salat als Beilage servieren.

Dazu passt:
vielleicht ein schöner Pinot
Noir aus dem Burgund

⑤④ Pappa Pomodoro (Italienische Tomatensuppe)

Pizzasuppenexperimente

Aus Gründen, die ich nicht wirklich erklären kann, habe ich über Jahre mit schnellen Suppenversionen fester Speisen experimentiert. Die Griechischer-Salat-Suppe, bei der ich griechischen Joghurt, Oliven und Minze gemischt habe, ist zum Beispiel ziemlich gut. Die Hamburger-Suppe war ein Reinfall. Die Verflüssigung eines Frikadellenbrötchens mit Hackfleisch ist eher unerfreulich. Aber Pappa Pomodoro ist die fast perfekte Flüssigversion einer Pizza. Ich habe mit Pizzaresten rumprobiert, habe es aber nie richtig hinbekommen, bis ich entdeckt habe, dass die Italiener schon seit Urzeiten Pizzasuppe aus Sauerteigbrot kochen. Etwas übermotiviert habe ich danach Quattro-Formaggi- und Frutti-di-Mare-Pizzasuppe probiert. Aber die beste Version ist und bleibt die klassische Margherita.

Dieses günstige, rustikale, aber unglaublich befriedigende Gericht ist im Wesentlichen eine Mischung aus altbackenem Brot, Dosentomaten und ein bisschen Käse. Es ist sehr leicht zuzubereiten und eine vollständige Mahlzeit in einer einzigen Schüssel. Es ist das Gegenteil von raffiniert: die bäuerliche, italienische Interpretation von Seelennahrung.

Worauf es bei diesem Gericht wirklich ankommt, ist das Brot. Am besten schmeckt es mit kräftigem Bauernbrot. Man kann auch einfaches Weißbrot verwenden, aber das säuerliche Sauerteigaroma macht den Unterschied. Mein Tipp: Kaufen Sie einen großen Laib, essen Sie ein paar Tage davon und verwenden Sie dann den trockenen Rest für die Suppe.

Zutaten

Für 6 Personen als einfaches,
vollwertiges Hauptgericht

300 g Bauernbrot

100 ml Hühnerbrühe

4 EL natives Olivenöl extra

3 EL frische Salbeiblätter, gehackt

4 Knoblauchzehen, fein gehackt

800 g geschälte Tomaten aus der Dose

1 TL Zucker

250 ml heißes Wasser

Salz und Pfeffer

50 g frisch geriebener Parmesan, zum Servieren

Zubereitung

Das Brot in etwa 2,5 cm große Stücke schneiden. Einen schweren Topf bei mittlerer Hitze auf den Herd setzen. Brühe, Öl und Salbei darin auf die Hälfte einkochen. Brot und Knoblauch zufügen. Die Hitze erhöhen und die Mischung garen, bis die ganze Flüssigkeit absorbiert ist und das Brot knusprig zu werden beginnt.

Tomaten und Zucker zufügen und unter Rühren 15 Minuten köcheln lassen. So viel heißes Wasser zugießen, bis die gewünschte Konsistenz erreicht ist (die Suppe sollte dickflüssig sein). Eine weitere Minute erhitzen, dann mit Salz und Pfeffer abschmecken.

Die Suppe in Schalen füllen, mit etwas Parmesan bestreuen und sofort servieren.

Dazu passt: ein Perchi-Bier oder ein San-Pellegrino-Wasser

55 Bœuf en Daube mit Kartoffelpüree

Die wörtliche Übersetzung des Namens, „Rindfleisch im Schmortopf", wird einem Gericht von solcher Vollendung einfach nicht gerecht. „Bœuf en Daube" ist ein Schwan unter den Schmorgerichten: Was man offenkundig sehen und schmecken kann, ist einfach, schön und lecker. Das wahre Wunder passiert unter der Oberfläche und wird von Fachleuten von jeher viel diskutiert. Das Schmoren ist eine Wissenschaft, ein überaus komplexer kulinarischer Prozess, bei dem Kohlenhydratmoleküle und Aminosäuren unter Durchlaufen von was weiß ich wie vielen Zwischenstrukturen und unstabilen Phasen miteinander reagieren.

Aber HALT, HALT! Glücklicherweise kann Ihnen all das total egal sein, denn um ein Meisterwerk wie Bœuf en Daube zu kochen, brauchen Sie nicht die geringste Ahnung von Lebensmittelchemie zu haben. Beherzigen Sie einfach meine Tipps und nehmen Sie sich genügend Zeit (Sie müssen das Fleisch über Nacht einlegen). Also:

1. Verwenden Sie kein teures, mageres Fleisch. Das wäre Geldverschwendung, denn das Gericht würde damit nur knochentrocken. Sie brauchen zähes, durchwachsenes Fleisch voller Sehnen, die sich durch langsames Garen in geschmeidige Perfektion verwandeln.

2. Braten Sie das Fleisch zügig scharf an, damit es innen nicht gart.

3. Schieben Sie das Schmorgericht in den kalten Backofen (ja, wirklich!), damit das Fleisch langsam warm werden kann. Geduld ist eben alles!

Vom Schmoren

Wenn man ein Stück Fleisch erst anbrät und dann in Flüssigkeit langsam weitergart, kommt es zur sogenannten Maillard-Reaktion, bei der ein köstliches, betont fleischiges, karamellartiges Aroma entsteht. Die Fleischporen werden durch das Anbraten nämlich nicht verschlossen. Trotzdem hält sich schon seit 100 Jahren hartnäckig der Mythos vom Porenschließen.

Zutaten

Für 6 Personen als ziemlich sättigendes
Hauptgericht

1 kg Rinderhaxe, in 16 großen Stücken

1 große Karotte, gewürfelt

2 große Zwiebeln, grob gehackt

2 Selleriestangen, grob gehackt

5 Knoblauchzehen, grob gehackt

1 Bouquet garni, gebunden aus
2 Thymianzweigen, 4 Lorbeerblättern
und 2 Petersilienstängeln

750 ml Rotwein

2 EL Weizenmehl

Salz und Pfeffer

4 EL Schmalz oder Pflanzenöl

500 g Karotten und/oder Pastinaken,
in Stücken

1,25 l Hühnerbrühe

500 g Champignons, in dicken Scheiben

1 kg geschälte Kartoffeln

150 g Butter

100 g Sahne

1 Handvoll gehackte Petersilie, zum Garnieren

Dazu passt: ein
Château Musar – ein
robuster Roter aus
dem Libanon

Zubereitung

Am Vortag das Rindfleisch mit Karotte, Zwiebeln,
Sellerie, Knoblauch, Bouquet garni und Rotwein in
eine Schüssel geben und über Nacht marinieren.

Das Fleisch aus der Marinade nehmen und trocken
tupfen. Die Marinade durch ein Sieb passieren. Gemüse
und Bouquet garni sowie Marinade aufbewahren.

Das Mehl mit etwas Salz und Pfeffer in einer Schüssel
vermischen. Das Fleisch darin wenden. 2 Esslöffel
Schmalz in einem großen Schmortopf bei starker Hitze
zerlassen. Wenn es raucht, 2 Fleischstücke darin rasch
rundum anbräunen, ohne sie zu garen. Aus dem Topf
nehmen und mit den anderen Fleischstücken ebenso
verfahren. Beiseitelegen.

Das restliche Schmalz in den Topf geben. Die Karotten
darin bei starker Hitze andünsten. Fleisch, Marinade,
Brühe, Bouquet garni und Pilze zufügen und gut
vermengen. Ohne Deckel in den kalten Backofen
geben. Die Temperatur auf 140 °C einstellen und
1 Stunde garen. Dann den Deckel aufsetzen und
erneut 1 Stunde schmoren. Den Deckel abnehmen und
alles 1 weitere Stunde garen.

Einen großen Topf mit leicht gesalzenem Wasser zum
Kochen bringen. Die Kartoffeln darin 20 Minuten gar
kochen. Gut abtropfen lassen, dann zusammen mit der
Butter durch eine Kartoffelpresse drücken. Die Sahne
einarbeiten und mit Salz abschmecken.

Das Püree auf vorgewärmten Serviertellern verstreichen und das Bœuf en Daube darauf anrichten. Mit
etwas Petersilie garniert servieren.

⑤⑥ Der beste Hamburger der Welt mit dreimal frittier-ten, gefüllten Pommes

Das ist das einzige Rezept, für das ich je eine Spritze gebraucht habe. Sie können auch die spritzenähnlichen Dinger nehmen, die man in der Apotheke bekommt, um Medizin für Kinder abzumessen. Bei diesem Gericht kann man seine kulinarische Besessenheit ausleben. Ich mache es nur, wenn ich die Zeit und die Lust habe, mich im Perfektionismus zu suhlen. Ab und zu macht das Spaß und steigert das Essvergnügen enorm. Aber es braucht Zeit, und Ihre Freunde werden das ganze Ausmaß Ihrer Anstrengungen mit ziemlicher Sicherheit nicht würdigen, es sei denn, Sie spannen sie mit ein. Ich schlage vor, dass Sie Ihre(n) beste(n) essensfetischistischen Freund(in) einladen, sie oder ihn bitten,

ein paar Flaschen Wein mitzubringen, und gemeinsam Burger und Fritten zubereiten, während Sie über die Lage der Welt, Liebe, Sex, Tod und die mit Kolumbus' Entdeckung verbundenen Vorteile diskutieren.

Warum, um Himmels willen, sollte man Pommes dreimal frittieren?

Es gibt sehr gute Gründe dafür. In guten Restaurants werden die Pommes häufig mindestens zweimal frittiert. Sie sollten innen durchgegart und weich sein, außen aber schön knusprig. Werden sie bei zu niedriger Hitze frittiert, saugen sich die Kartoffelstäbchen mit Fett voll, ist das Fett zu heiß, verbrennen sie schnell. Deshalb werden die Pommes zunächst halb gargekocht, damit sie innen schon mal weicher werden. Nach dem Abkühlen werden sie dann leicht bei 120 °C frittiert, damit sie innen ganz durchgaren und gleichzeitig optimal locker werden. Nach dem erneuten Abkühlen werden sie schließlich etwa 10 Minuten in 180 °C heißem Fett frittiert, bis sie außen schön knusprig sind. Abtropfen lassen, würzen und genießen!

Pommes mit Ketchupfüllung?

Das Besondere an Ketchup ist, dass er voller Zucker, Salz und natürlichem Glutamat steckt. Schmeckt echt lecker, auch wenn das immer noch keine Rechtfertigung dafür ist, ihn auf Eiscreme zu schütten, wie es einige meiner Freunde taten, als wir klein waren (ich war wahrscheinlich neidisch, weil meine Mutter mir so etwas nicht erlaubte). Wenn Sie nun schon der Welt beste Pommes machen, können Sie den Ketchup auch gleich selbst dazutun. Füllen Sie Ketchup aus einer Schale in eine Spritze, piksen Sie mit der Spitze in die Pommesmitte und drücken Sie so viel Zeug hinein, wie reinpasst, ohne dass die Pommes platzt. Großartig!

Warum der Name „Burger"?

Früher hielt ich das englische Wort „hamburger" („ham" für „Schinken") für einen fleischtechnischen Irrtum. Dann erfuhr ich, dass der Burger ursprünglich „Hamburger Steak" hieß und eben aus Hamburg kam. Der Begriff tauchte zum ersten Mal 1884 in einer Bostoner Zeitung auf, und erst Mitte des 20. Jahrhunderts bürgerten sich die Kurzformen „Hamburger" oder noch kürzer „Burger" ein.

Warum bester Hamburger der Welt?

Ich würde sagen, der beste Burger der Welt ist der, den Sie am liebsten essen. Wenn Sie diese Antwort für eine billige Ausflucht halten, könnte ich Ihnen noch den Tipp geben, für Ihren Burger einmal Rinderfilet mit etwas Fett zu kaufen und es selber (nicht zu fein) durch den Fleischwolf zu drehen, nachdem es eine Stunde im Gefrierfach war.

Dazu passt ein englisches Bitter wie Old Speckled Hen oder Bass

㊗ Perfekte Käse-Makkaroni

Von allen wohltuenden und einfachen Gerichten auf diesem Planeten muss dies wohl das weichste, wohltuendste und einfachste sein. Neben seinem Ziehbruder „Blumenkohl mit Käse" war es wesentlicher Bestandteil meiner Kindheit. Man könnte wahrscheinlich sagen, dass ich zu einem Großteil aus Käse-Makkaroni bestehe.

Hinter diesem Gericht steckt nicht mehr als gekochte Pasta, mit einer samtig-cremigen Käsesauce im Ofen überbacken. Um ein wenig Biss beizumischen, können Sie jede Art von Gemüse dazutun, wie auch im Rezept gegenüber. Aber auch so ist es einfach ein Gedicht, und ich wäre kein bisschen beleidigt, wenn Sie auf die gesunden Sachen verzichteten.

Dazu passt: ein weißer Rioja

Was sind Makkaroni?

„Na, was schon?", werden Sie sagen. „Röhrenförmige Nudeln." Über die Herkunft des Namens gibt es allerdings unterschiedliche Theorien. Die einen meinen, es komme vom griechischen „machoirionon" (lange, hohle Grashalme, die man für die Herstellung der Nudeln brauchte), die anderen, es leite sich vom neugriechischen „makaria" ab, was „Leichenschmaus" bedeutet. Nun, vielleicht gab es da ja besonders häufig Röhrennudeln.

Zutaten

Für 4 Personen als ganze Mahlzeit

250 g getrocknete Makkaroni

4 EL Butter, plus etwas mehr zum Pastakochen

675 ml Milch

$^1/_2$ TL frisch geriebene Muskatnuss

50 g Weizenmehl

100 g frisch geriebener kräftiger Emmentaler

100 g frisch geriebener Parmesan

200 g junger Spinat

Salz und Pfeffer

Zubereitung

Die Makkaroni nach Packungsangabe al dente kochen. Das Wasser abgießen. Die Pasta abtropfen lassen und wieder in den Topf geben. Ein Stück Butter untermischen, damit die Nudeln nicht zusammenkleben. Den Deckel aufsetzen und warm halten.

Milch und Muskatnuss in einem kleinen Topf erhitzen, aber nicht kochen. Die Butter in einem schweren Topf bei geringer Hitze zerlassen. Das Mehl einstreuen und unter Rühren 2 Minuten anschwitzen. Die Milch nach und nach mit der Mehlschwitze zu einer Sauce verrühren und 10–15 Minuten einkochen. Drei Viertel vom Käse in die Sauce geben und kräftig rühren, bis der Käse geschmolzen ist. Dann den Spinat unterheben. Salzen und pfeffern. Den Topf vom Herd nehmen.

Den Backofengrill vorheizen. Die Makkaroni in eine große Auflaufform geben und mit der Sauce übergießen. Den restlichen Käse darauf verteilen. Die Auflaufform unter den vorgeheizten Grill stellen und grillen, bis der Käse schön gebräunt ist. Sofort servieren.

Das weltbilligste und -beste Blitzgericht

Pasta mit Knoblauch und Butter ist total lecker und kostet quasi gar nichts. Alles, was Sie pro Person brauchen, sind 80 g Pasta, 1 Knoblauchzehe, 2 EL Butter, Salz, Pfeffer und ein bisschen Parmesan. Während die Pasta kocht, die Butter in einem Topf zerlassen und die zerdrückten Knoblauchzehen etwa 8 Minuten leicht darin andünsten, bis sie zu bräunen beginnen. Die Pasta abtropfen, zur Knoblauchbutter geben, salzen und pfeffern und alles gut vermengen. Mit etwas geriebenem Parmesan bestreuen, fertig!

⑤⑧ Herzerwärmende Hühnersuppe

In den letzten Jahren ist Hühnersuppe weniger Gericht als fast eine Art Philosophie geworden, hauptsächlich weil sie von jeher die Seelennahrung schlechthin ist. Traditionell gilt Hühnersuppe als leichte, bekömmliche Aufbaukost für Kranke und Rekonvaleszenten und ist deshalb universelles Heilmittel, eine Medizin für alle erdenklichen Zipperlein, ob körperlich oder seelisch.

Das ist ja alles schön und gut, aber lassen wir die Kirche doch erst einmal im Dorf: Hühnersuppe ist allem voran ein Essen und kann gut oder grottenschlecht zubereitet werden. Auf meinen Reisen durch die Welt habe ich ein paar wirklich fürchterliche Hühnersuppen gegessen, und glauben Sie mir: Eine schlechte Hühnersuppe heilt niemanden von irgendwas. Der schlimmste Fehler scheint mir die Verwendung von bereits gegartem Hühnchen als Einlage zu sein. Kaltes, gegartes Hähnchenfleisch ist toll für ein Sandwich oder einen Salat, aber in eine Suppe gehört frisches Fleisch, sonst wird es so zäh wie Schuhsohlen.

Das zweite häufige Vergehen ist, an der Brühe zu sparen. Um Klartext zu sprechen: Die Brühe ist wichtiger als das Fleisch, denn sie transportiert den Geschmack zu allen Sinnen.

Goldene Yoich – jüdisches Penizillin

„Goldene Yoich" ist Jiddisch und bedeutet „goldene Brühe". Sie ist so wichtig in der jüdischen Küche, dass sie den Spitznamen „jüdisches Penizillin" bekommen hat. Ihre heilende Wirkung wurde bereits im 12. Jahrhundert von Rabbi Maimonides gepriesen. Sie bildet häufig die Basis eines Sabbathmahls, manche sagen sogar, dass einem Freitagabend ohne Hühnerbrühe etwas fehle. Die im Mittelalter im Rheinland beheimateten aschkenasischen Juden versuchen, zu jedem Sabbath ein Huhn zu bekommen, und verwerten jedes noch so kleine Stückchen, darunter auch Füße, Hals, Leber und Magen. Aus den Karkassen wird dann ein Süppchen gekocht.

Zutaten

Für 4 Personen als Vorspeise

2 EL Olivenöl

2 Selleriestangen, gehackt

1 große Zwiebel, gehackt

2 frische Thymianzweige

4 Karotten, gewürfelt

2 Pastinaken, gewürfelt

$1/2$ weiße Rübe oder Knollensellerie, grob gehackt

1,5 l frische Hühnerbrühe

300 g Hühnchenfleisch, grob gewürfelt (nach Belieben)

1 Handvoll frische Petersilie, gehackt

2 EL Zitronensaft

Salz und Pfeffer

Krustenbrot und Butter, zum Servieren

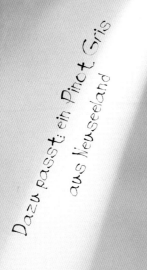

Dazu passt: ein Pinot Gris aus Neuseeland

Zubereitung

Das Olivenöl in einem großen, schweren Topf erhitzen. Sellerie und Zwiebel darin etwa 15 Minuten weich dünsten. Thymian, Karotten, Pastinaken und Rüben zufügen und weitere 5 Minuten garen. Mit der Brühe ablöschen. Falls verwendet, das Hühnchenfleisch zufügen. Weitere 20 Minuten köcheln lassen. Das Gemüse sollte weich sein. Petersilie und Zitronensaft unterrühren. Mit Salz und Pfeffer abschmecken und mit gebutterten Brotscheiben servieren.

Hühnerbrühe

Sie sollten Hühnerknochen nicht wegwerfen, bevor Sie nicht den letzten Hauch Aroma ausgekocht und herausgepresst haben. Das geht lächerlich einfach. Dieses ganze hochtrabende Consommé-Getue, das man vielen Spitzenköchen zufolge für eine gute Brühe braucht, kann man sich echt sparen. Einfach Knochen aufbewahren, etwas zerkleinern und in einen großen Topf werfen. Geben Sie eine Karotte, etwas Sellerie, Zwiebel und ein bisschen Wein, falls Sie eine Flasche offen haben, dazu. Fügen Sie dann noch ein paar Kräuter wie Lorbeer, Petersilie und Thymian hinzu, etwas Salz und ein paar Pfefferkörner. Das Ganze wird mit 2 Litern Wasser pro Karkasse aufgefüllt und ohne Deckel 1 Stunde gekocht. Falls es Sie nicht stört, dass die Brühe etwas trüber (aber umso aromatischer) wird, zerdrücken Sie die Knochen mit einem Kartoffelstampfer und passieren Sie die Brühe dann durch ein feines Haarsieb.

⑤⑨ Croque Monsieur

Croque Madame

Die Franzosen sind bekannt für ihre blumigen und symbolträchtigen Namen für Gerichte und Kochstile. Weniger bewusst war mir ihr Witz, bis ich in Paris eine „Croque Madame" auf einer Speisekarte entdeckte. Das war ein Croque Monsieur mit einem Spiegelei obendrauf (was die Männlichkeit des Gerichts wirksam übertrumpfte). Ha! Was ich aber nicht ganz verstehe, ist, dass dieser Croque in Teilen der Normandie „Croque Cheval", also „Pferdekracher", heißt.

Das Käse-Schinken-Brot existierte glücklich und zufrieden als beliebte Zwischenmahlzeit, bis die Franzosen daherkamen und es – nun ja – besser machten. Und was machten Sie damit? Sie brieten es in Butter und packten den Käse nach außen. Tolle Idee!

Heute gibt es viele verschiedene Versionen des Croque. Das Original aus dem Larousse gastronomique ist ein einfaches Käse-Schinken-Sandwich, das in Butter gebraten wird. Traditionell wird Gruyère verwendet. Manchmal wird der Croque auch mit feiner (aber weniger prickelnder) Béchamelsauce serviert. In der kanadischen Arktis habe ich einmal ein Schinkensandwich, das in weißer Sauce schwamm, als Croque bekommen. Dieses Rezept wird Sie vor solchen Fehlern bewahren.

Croque Monsieur bedeutet frei übersetzt „Herrenkracher". Woher der Name des Gerichts stammt, kann ich Ihnen nicht sagen, obwohl ich intensiv nachgeforscht habe. Es gibt mehrere Legenden, aber keine davon erscheint mir wirklich glaubwürdig. Möge der Hinweis genügen, dass der Name erstmals 1918 in Marcel Prousts *Auf der Suche nach der verlorenen Zeit* dokumentiert ist – ein Werk, das man eigentlich eher mit Madeleines in Verbindung bringt, löst doch deren Duft eine fast transzendentale Erinnerung des Ich-Erzählers aus. Wer weiß, was der Croque Monsieur eines Tages mit Ihnen macht!

Varianten des „Herrenkrachers" sind der Croque Provençal mit Tomaten und der Croque Norvégien mit Räucherlachs. Aber die würde ich ganz schnell vergessen: Dampfend heiße Tomaten auf Brot sind nicht der Hit, und hören Sie mir bloß auf mit gegrilltem Räucherlachs!

Zutaten

Für 1 Person als kleiner Mittagsimbiss

2 Scheiben weißes Toastbrot, gebuttert

2 Scheiben leicht geräucherter gekochter
Schinken

50 g frisch geriebener Gruyère

Salz und Pfeffer

1 Stückchen Butter, zerlassen

gemischter Salat, zum Servieren

Zubereitung

Den Backofengrill vorheizen. Eine Brotscheibe auf der
gebutterten Seite mit dem Schinken belegen und zwei
Drittel des Käses darauf verteilen. Salzen und pfeffern.
Die zweite Toastscheibe, Butterseite nach unten,
darauflegen. Die Oberseite mit der zerlassenen Butter
bestreichen.

Das Sandwich unter dem vorgeheizten Grill schön
bräunen. Das Sandwich wenden und mit dem
restlichen Käse bestreuen. Unter dem Grill gratinieren,
bis der Käse Blasen wirft und gebräunt ist. Sofort mit
einem kleinen Salat servieren.

*Dazu passt:
ein knackiger
Sauvignon Blanc*

⑥⓪ Die besten Spaghetti bolognese der Welt

Jeder Ernährungshistoriker oder Sprachwissenschaftler, der sein Geld wert ist, würde Ihnen sagen, dass es Spaghetti bolognese gar nicht gibt. Aber niemand, der klar bei Verstand ist, würde behaupten, dass sie nicht trotzdem existieren. Was ist da also los? Nun, die Bologneser sind berühmt für ihre *ragùs*, Saucen auf Fleischbasis, die mit Pasta gegessen werden. 1982 wurde sogar von der Ortsgruppe Bologna der Accademia Italiana della Cucina ein Rezept mit Rindfleisch, Pancetta, Zwiebeln, Gemüse, Wein und Sahne veröffentlicht.

Aber Essen ist wie Sprache: Es entwickelt und verändert sich je nach den Bedürfnissen der Menschen. Auch wenn ich große Achtung vor der Geschichte und dem Wissen der großen Meisterköche habe, so glaube ich nicht, dass es unverrückbare Regeln darüber gibt, was man mit Essen machen darf und was nicht. Übrigens gefällt mir die griffige Abkürzung „Spag bolo" sehr gut, auch wenn ich damit allen Sprachwissenschaftlern auf den Schlips trete.

Ich würde gerne alles, was Sie bisher mit Spaghetti bolognese verbinden, wegwischen und Ihnen eine raffinierte Bolo-Version vorstellen, die alle üblichen Regeln ignoriert und absolut großartig schmeckt.

Was ist ein Ragù?

Im Grunde ist ein Ragù eine Fleischsauce, die ein *soffrito* (eine langsam gedünstete Mischung aus gehackten Zwiebeln, Knoblauch und manchmal anderen Gemüsewürfelchen) als Basis hat und dann mit Tomaten, anderem Gemüse und häufig Wein und Kräutern zur Aromakonzentration eingekocht wird.

Seelennahrung

Zutaten

Für 8 Personen als Hauptgericht

4 EL Olivenöl, plus etwas mehr
für die Pasta

500 g Rinderhackfleisch

500 g Schweinehackfleisch oder gehäutete
italienische Würste oder Speckwürfel

6 Knoblauchzehen, gehackt

270 ml Rotwein

400 g gehackte Tomaten aus der Dose

800 g rote Paprika, grob gehackt

2 rote Chillies, gehackt

100 ml Weißweinessig

1 kleine Handvoll frisch gehackter Oregano

Salz und Pfeffer

1 große Handvoll frisch gehackte Petersilie

800 g Spaghetti

frisch geriebener Parmesan und Blattsalat,
zum Servieren

Zubereitung

Einen breiten, schweren Topf bei mittlerer Hitze auf den Herd setzen. Die Hälfte des Öls darin erhitzen. Das gesamte Hackfleisch unter gelegentlichem Rühren anbraten, bis es zu bräunen beginnt. Größere Klumpen dabei mit einem Holzlöffel zerdrücken. Nach etwa 20 Minuten den Knoblauch zufügen und weitere 5 Minuten garen. Überschüssiges Fett abschöpfen (so viel drinlassen, wie Sie ertragen können – Fett ist Geschmacksträger). Mit Wein und Tomaten ablöschen. Rühren und die Hitze so reduzieren, dass die Sauce ganz leicht köchelt.

Das restliche Öl in einem zweiten breiten Topf erhitzen. Die Paprika darin unter gelegentlichem Rühren etwa 20 Minuten anbraten, bis sie zu bräunen beginnen. Chillies und Essig zugeben und weitere 5 Minuten garen.

Paprika und Oregano unter die Fleischmasse mischen. Salzen und pfeffern. Halb abgedeckt 30 Minuten leise köcheln lassen. Falls die Sauce zu dick wird, weiteren Wein einrühren. Ein paar Minuten vor dem Servieren die Petersilie unterrühren.

Die Pasta nach Packungsangabe al dente kochen. Abtropfen lassen. Dann wieder in den Topf geben und in etwas Olivenöl schwenken. Die Pasta mit dem Ragù vermengen. Mit Parmesan bestreuen und mit einem grünen Salat servieren.

Dazu passt: ein großer,
kräftiger Barolo, falls Sie
ihn sich leisten wollen

WARNUNG

Dieses Kapitel ist

NICHTS für

zarte Gemüter

7. Wild

Wild

Was unterscheidet dieses Buch von den Hunderten anderer Bücher, die von sich behaupten, die besten Gerichte der Welt vorzustellen? Nun, neben all den tollen, leckeren, raffinierten Gerichten dieser Welt präsentiert es Ihnen auch etwas wildere, eklige oder gar lebensgefährliche Gerichte, die Sie meiner Meinung nach einmal probieren sollten!

Ich hatte das Glück, einige fremdartige und wunderbare Orte rund um den Globus besuchen zu können, und mir sind ein paar wirklich schräge Sachen untergekommen, die sich die Menschen wegen des Geschmacks, um satt zu werden oder aus Traditionsbewusstsein in den Mund steckten. Ich habe frisches Schafsblut, Igunak (gammliges Walross), Zibetkatze und Stachelschwein probiert. Verweigert habe ich nur Hund (aus Tierschutzgründen) und Robbenaugen (weil sie mir als Mutprobe angeboten wurden).

Ich werde oft gefragt, was das Verrückteste war, das ich je gegessen habe. Und bei aller Erinnerung an unglaubliche kulinarische Erlebnisse muss ich, Hand aufs Herz, sagen, dass ich Margarine für das verrückteste Lebensmittel halte, das je erfunden wurde. Sie wird unter Verwendung von Bleicherde, Nickel, Natriumhydroxid und allerlei anderen bizarren Substanzen, die untergemischt, herauszentrifugiert, herausgepresst, gebleicht und raffiniert werden, hergestellt. Und trotz des ganzen Aufwands gelingt es, Margarine billiger zu produzieren, als man reine Butter aus einer Kuh herausdrücken kann.

Auch wenn die Speisen in diesem Kapitel für uns wild, ungewöhnlich und fremdartig sind, möchte ich sie nicht als verrückt bezeichnen, denn innerhalb ihrer Heimatkultur sind sie normal, gewöhnlich oder sogar historisch bedeutsam. Was dem einen fremd erscheint, ist für den anderen eine leckere Zwischenmahlzeit. Die Schlangenhäute auf dem Pekinger

Nachtmarkt empfinden wir als widerlich. Dabei erinnern sie daran, dass die Chinesen fürchterliche Naturkatastrophen, politische Unterdrückung, schreckliche Hungersnöte und Kriege erdulden mussten und so lernten, nichts Essbares zu verschmähen – keine Pflanze und keine Kreatur, ob Gedärm, Haut oder Genitalien. Sie hatten keine Wahl.

Die wilden Speisen in diesem Kapitel erzählen uns Geschichten über die Welt, in der wir leben. Natürlich bin ich nicht so naiv, zu glauben, dass Sie jetzt eine *Rohrratte* im Supermarkt kaufen oder einen Teller *Yak-Penis* im Restaurant bestellen. Ein paar dieser Sachen kann man aber tatsächlich in ausgewählten Restaurants oder ausländischen Lebensmittelgeschäften bekommen. Seien Sie abenteuerlustig! Öffnen Sie sich! Ich glaube fest daran, dass Sie mit jeder unbekannten Speise, die Sie probieren – vor allem mit denen, die etwas Mut und einen robusten Magen erfordern –, ein besserer Mensch werden und einen außergewöhnlichen Moment erleben, an den Sie sich erinnern und durch den Sie eine etwas andere Sicht auf das Leben gewinnen.

Die folgenden Speisen mögen auf den ersten Blick nach Effekthascherei aussehen. Aber sie erzählen uns viel über die Welt, auch über die gefährlicheren, unangenehmeren Orte. Ich hoffe, dass Sie von Natur aus neugierig sind und gerne reisen, um die Welt und ihre Bewohner zu verstehen. Probieren Sie auf Ihren Reisen bitte einheimische Speisen aus. Entdecken Sie die Aromen und Geschmacksrichtungen anderer Länder. Auf diese Weise werden Sie diese Länder auf ganz andere Weise wahrnehmen.

⑥¹ Große Rohrratte

Lateinischer Name: *Thryonomys swinderianus* (klingt doch viel genießbarer als der Name der Hausratte, *Rattus rattus*!). In Kamerun bringt eine ordentliche Ratte auf dem Markt um die 12 Dollar.

Ich habe in meinem Leben schon einige merkwürdige und wunderbare Sachen probiert: Walross, Ziegenblut, diverse Tränengassorten und alle Arten von Insekten. Ich bin aber nicht auf der Suche nach Extremem, sondern nach Erhellendem, Nützlichem oder Weltveränderndem. Ich bin besessen von dem Gedanken, dass die Kartoffel, als Kolumbus sie aus der Neuen Welt nach Europa brachte, lange Jahre misstrauisch beäugt wurde, so wie es meine Freunde heute tun, wenn ich ihnen Lammhodenspieße anbiete. Aber was, wenn sich eine dieser irritierenden Speisen als unsere nächste Kartoffel herausstellt, das nächste Grundnahrungsmittel? Genau danach suche ich.

Meiner Entdeckung einer potenziell weltverändernden Speise am nächsten gekommen ist Rohrratte. Dabei waren die Voraussetzungen nicht gerade vielversprechend. Die kleinen Kerle werden in den Wäldern Kameruns gefangen, und sie sind richtig gemein. Sie haben riesige Schneidezähne, mit denen sie Finger durchtrennen können, sie sehen total nach Ratte aus, und – um ihnen einen Platz in Ihren Albträumen zu sichern – sie sind so groß wie kleine Hunde. Rohrratten gehören zwar nicht zu den gefährdeten Arten, der Handel mit Buschfleisch (wozu Rohrratten zählen) gefährdet die Biodiversität in Zentralwestafrika aber extrem. Keine gute Ausgangsposition, oder?

In Kamerun entdeckte ich eine Landwirtschaftsschule, in der die Schüler lernen, diese kleinen Teufel mit Zuckerrohr und Speiseresten zu mästen und dadurch armen Bauern eine solide Einkommensquelle zu schaffen. Das schützt die bedrohten Buschtiere, bekämpft die Armut und schont ein zerbrechliches Ökosystem.

Aber alle diese Vorzüge rücken angesichts der größten aller Entdeckungen in den Hintergrund: Rohrratte schmeckt KÖSTLICH. Ich würde sogar sagen, dass es das beste weiße Fleisch ist, das ich je probiert habe, besser als das feinste Geflügel, Schwein oder Alligatorenfleisch. Es ist süß, saftig, zart, mager und leicht zuzubereiten.

Dazu passt:
ein Guinness aus
Kamerun (das ist
süßer als das
irische Zeug!)

Das große Problem liegt allerdings auch auf der Hand: ihr Name. Ich habe so meine Zweifel, dass mein Supermarkt eines Tages in seiner Nagerabteilung Ratte anbieten wird oder dass die Kunden meiner Lieblingsmetzgerei Ratte verlangen würden. Deshalb schlug ich den Rattenzüchtern vor, das Vieh doch einfach umzubenennen. Als „Liebeshuhn" würde es bestimmt nur so über die Ladentheke fliegen. Aber es ist nun mal ein Nager, und es müsste schon einiges passieren, damit Europäer das akzeptierten. Es ist wirklich eine Tragödie: Mein Kolumbus-Moment bleibt auf Armeslänge unerreichbar.

Falls Sie je eine Rohrratte zu fassen kriegen, tranchieren Sie sie in Stücke, braten Sie diese mit etwas Öl, Knoblauch, Chili und Tomaten an und schmoren Sie sie dann 30–50 Minuten. Traditionell wird dazu Maniok gegessen.

⑥² Seegurke

Es gibt nur zwei Nahrungsmittel, die mir wirklich Schauder über den Rücken jagen: Lakritze (ich weiß nicht, warum, aber ich hasse das Zeug!) und Seegurke (ein unglaublich appetitlicher Name für etwas, das für jeden, der nicht völlig bekloppt ist, eine Wassernacktschnecke ist).

Ich bin immer wieder überrascht über meine Begeisterung für Speisen, die die Grenzen ein bisschen verschieben. Aber Seegurke ist für mich die Essenz aller Monster, die ich je unter meinem Bett vermutet habe. Ich habe einen echten Horror davor. Das ist total irrational. Keine Ahnung, wie man sich derart vor einem so harmlosen, passiven Tierchen wie einer Seegurke fürchten kann, während man andererseits problemlos Quallen, Kakerlaken und Ratten herunterschlingt. Manche Dinge kann man einfach nicht erklären.

Was, fragen Sie sich vielleicht, soll diese Nacktschnecke dann bitte hier? Nun, ungeachtet des Ekels, den ich vor Seegurken habe, bin ich auch zutiefst dankbar für die Erfahrung, meine Nacktschneckendämonen zu bekämpfen, indem ich eine aß. Ich glaube fest an die hobbypsychologische Regel, dass man genau das tun muss, wovor man Angst hat, um stärker zu werden.

Wenn ich die ungewöhnlichsten Dinge, die ich je getan habe, überdenke, haben viele davon mit Essen zu tun: frisches Ziegenblut in Äthiopien, mein erstes Haggis in Schottland und mein erstes Kobe-Rind in Japan im Alter von acht Jahren (rohes Fleisch zu essen erschien mir damals so abartig!). Ich liebe das.

Aber nichts war so prägend wie die Seegurke. In Seoul gibt es einen Fischmarkt, auf dem man so ziemlich alles bekommt, was im Meer schwebt, kriecht oder an Felsen klebt. Man kommt sich vor wie im Naturkundemuseum, nur dass man die Exponate hier kaufen und essen kann. Die Seegurken lagen in riesigen Becken, die stacheligen getrennt von den glatthäutigen, die schwarzen von den grünen. Ich habe mich für eine große, stachelige, schwärzlich grüne entschieden (wenn man sich seinen Dämonen stellen will, kann es sich ja auch gleich der größte, gruseligste im ganzen Becken sein!) und sie in das Restaurant im Obergeschoss getragen, wo nach dem BDSM-Prinzip (Bring deine Seegurke mit) verfahren wurde: Man brachte die Nacktschnecke seiner Wahl mit, und sie wurde gegen ein geringes Entgelt zubereitet.

Dazu passen: heimtückische Reisschnäpse aus Flaschen mit unverständlichen Etiketten

Die Köchin nahm mir die riesige, sich langsam windende Seegurke ab, legte sie wortlos auf ein großes Brett und drückte so lange mit der Hand darauf, bis das Tier seine Eingeweide ausspuckte. „Gut, die sind schon mal draußen", dachte ich mir. Das schon. Aber die Köchin reichte mir die bandwurmartigen Innereien und erklärte, ich solle sie direkt essen. „Das ist das Beste daran." Oh Mann, ich wollte schon die Schnecke nicht essen, aber das rohe, schleimige Gedärm? Mit zitternder Hand nahm ich es in den Mund und kaute. Es war ein bisschen sauer, ein bisschen darmig und sehnig. Ich kaute und schluckte. Ich schauderte einen Moment und wartete, ob mir schlecht werden würde, aber ich habe es überlebt. Die Köchin nahm ein riesiges Hackebeil und hackte die (immer noch lebende) Nacktschnecke in Scheiben. Ich tunkte die sich windenden Stücke in Sojasauce und aß sie. Sie schmeckten sauber und frisch wie Tintenfisch-Sashimi, waren aber zäh wie altes Stiefelleder. Es war eine schreckliche und doch seltsam reinigende Erfahrung. Und dann wurde ich von einer Welle der Euphorie übermannt. Ich hatte es getan! Ich hatte meinen Dämonen die Stirn geboten.

Wenn ich heute Orte besuche, wo das Essen unvertraut, fies oder stachelig ist, fühle ich keine Beklemmungen mehr, weil ich schon in der kulinarischen Hölle war. Ich habe den Styx des Essens überquert und bin zurückgekehrt. Mit Lakritze ist das anders. Das Zeug geht einfach gar nicht.

Seegurkenfakten

Es gibt 600 verschiedene Arten von diesen kleinen Kerlen, die sich von Sediment und Plankton auf dem Meeresgrund ernähren. Ich habe sie, wie oben beschrieben, roh gegessen, aber auch geschmort und in schleimigen Suppen. Ich habe den Geschmack und das Gefühl zwar nie wirklich genossen, aber ich liebe den Schauder! Seegurken können nicht schwimmen, allerdings haben sie ein anderes, ungewöhnliches, wenngleich eher nutzloses Talent. Wenn sie von Raubtieren aufgestöbert werden, können sie ihren Magen und ihr Gedärm ausspucken.

㉓ Palmrüssler

Ich liebe es, Neues auszuprobieren. Deshalb musste ich unbedingt zugreifen, als ich an einem Marktstand in Yaoundé, der Hauptstadt von Kamerun, Palmrüsslermaden entdeckte. Die Dinger waren fies und faszinierend zugleich. Sie sahen aus wie dicke Daumen mit einem bärtigen Gesicht. Ein schiefes, wissendes Lächeln schien über diese Gesichter zu huschen. Aber vielleicht habe ich mir das auch nur eingebildet. Mit offenem Mund starrte ich in die große Schüssel, in der sie orgiastisch herumkrochen.

Sollten die wirklich essbar sein, oder verkaufte die üppige Marktfrau sie als Haustiere oder bissige Wachwürmer? Ich fragte sie in einer vielsagenden Zeichensprache aus Hand-in-den-Mund-Bewegungen, um mein mangelndes Kamerun-Französisch zu kompensieren. Sie schenkte mir ein strahlendes Lächeln und sagte in verständlichem Englisch: „Oh, yeah, man, they gooooood!" Aha. Und wie wurden sie zubereitet? Ich solle sie ein paar Minuten kochen und dann über Holzkohle grillen.

Ich kaufte einen großen Beutel Palmrüssler und dankte der Marktfrau. Aber als ich weiterging, stellte ich fest, dass ich weder einen Topf hatte, um sie zu kochen, noch einen Holzkohlegrill, um sie zu grillen. An den Fressbuden am Hauptbahnhof fragte ich so lange herum, bis ich jemanden gefunden hatte, der bereit war, mir gegen Bezahlung bei der Zubereitung zu helfen.

Die Maden wanden sich heftig, als sie gekocht wurden. Anschließend steckten wir sie auf Spieße und grillten sie über herrlich rauchiger Holzkohle. Dann war Essenszeit.

Die kleinen schwarzen Gesichter und die Barthaare der Maden waren immer noch zu erkennen. Das war irgendwie putzig. Ich steckte eine Made in den Mund und biss zu. Als die krosse Haut aufplatzte und das cremige, weiche Innere heraustrat, musste ich zugegebenermaßen kurz würgen. Aber es schmeckte ein bisschen nach Garnele und ein bisschen nach Haselnuss und enthielt, wie ich erfuhr, viel Eiweiß. Die Gesichter mochte ich allerdings gar nicht, die krachten so, wenn man hineinbiss. Also beschloss ich, sie abzubeißen und auf dem Teller zu lassen und nur die fleischigen Körper zu verputzen.

Was sind Palmrüssler?

Der *Rhynchophorus phoenicis* oder Afrikanische Palmrüssler wird von der Raphiapalme geerntet. Von den meisten Insekten-Pflanzen-Beziehungen profitieren beide Beteiligten, zum Beispiel bestäuben Insekten die Wirtspflanze und erhalten dafür Nahrung. Bei den Palmrüsslern ist das anders. Sie sind eine wahre Plage. Die Idee, sie zu sammeln und zu essen, ist also gar nicht schlecht. Am besten schmecken die Maden, wenn sie etwa zwei Wochen alt sind. Die Palmen, auf denen sie leben, sind leicht zu erkennen: Sie sehen kränklich und grau aus und verlieren ihre Blätter. Verräterisch sind auch Löcher des Indischen Nashornkäfers, *Orytces rhinoceros*, der üblicherweise die gleichen Pflanzen besetzt wie der Palmrüssler. Die Maden sind nicht billig und werden zwischen 10 und 50 US-Cent pro Stück verkauft. Das durchschnittliche Monatseinkommen eines Madenerntehelfers liegt bei etwa 70 US-Dollar, was für die Region ziemlich viel ist.

Dazu passt: alles, was Sie kriegen können; falls Sie gerade in Kamerun sind, ein starkes Lagerbier

⑥⑷ Frittierte Grillen

Heuschrecken, Grillen und Zikaden gehören zu den Springschrecken-Insekten, die besonders ausgebildete Hinterbeine zum Springen haben. Wer schon einmal in Südostasien oder Südamerika war, dem wurden

bestimmt irgendwann einmal gegarte Springschrecken oder andere Insekten angeboten. Darauf kann man entweder mit Entsetzen oder mit Neugier reagieren. Ich war in der Tat sehr neugierig.

Insekten wie diese werden häufig gebraten oder zunehmend auch frittiert. Frittieren ist eine ganz gute Garmethode, solange das Öl regelmäßig gewechselt wird. Ich habe viele Arten von frittierten Insekten probiert und die einzigen, die ich nicht mochte, waren solche, die nach altem Fett schmeckten. „Braten" bedeutet in

diesem Fall eher trockenes Rösten in einem großen Topf. Ich habe schon einmal trocken geröstete Khi-Kheh, burmesische Bambusbohrerlarven, probiert, und die waren ziemlich lecker. Ich schwöre, die schmecken genau wie Topinambur: süß, knackig und mit einem feinen Pistazienaroma im Abgang.

Geröstete Grashüpfer sind mir zum ersten Mal in den riesigen Lebensmittelmärkten von Bangkok begegnet, wo sie neben gerösteten Kakerlaken angeboten wurden. Ich probiere beides. Die Kakerlaken verspeiste ich aus Rache dafür, dass sie mich die ganze Nacht in meinem Hotelzimmer auf Trab gehalten hatten. Sie enthalten eine beachtliche Portion Eiweiß, Kohlenhydrate und Fett.

Wem schon bei der Vorstellung, Insekten zu essen, schlecht wird, der wird sich wohl auch nicht mit dem Gedanken anfreunden können, Insektensekrete zu essen. Trotzdem wette ich, dass die meisten schon einmal ohne Bedenken Honig gekostet haben. All jene dürfte vielleicht auch interessieren, dass die U.S. Food and Drug Administration die zulässige Menge von Insektenteilen in Mehl auf 450 pro Kilo festgelegt hat. Wahrscheinlich essen wir also alle ständig Insekten.

Aber warum sollte man überhaupt Insekten essen? Sie in größeren Mengen zu fangen, ist schwierig, und allzu nahrhaft sind sie nicht. Aber wenn Fehlernten durch Schädlingsbefall etwas mit der Insektenpopulation zu tun haben und wir die verantwortlichen Insekten äßen, würde das den Ernten sicher helfen. Sie und ich könnten den Welthunger besiegen! Eines meiner liebsten Kochbücher ist *Why not Eat Insects?* von Vincent M. Holt. Es ist ein kleiner Schatz, der exakt dieses Szenario durchspielt. Leider hört sich der Autor immer ein bisschen so an, als hätte er ... tja ... einen an der Klatsche.

Werden Insekten je ein Nahrungsmittel für den großen Markt? Momentan sind die Aussichten dafür nicht so gut, wenn man die Reaktion meiner Freunde als repräsentativ wertet. Aber ich gebe nicht auf. Man kann Grillen und ausgewählte Insektenmischungen bereits in Dosen kaufen, aber ich gebe zu, dass diese Branche noch in den Kinderschuhen steckt. Was wir brauchen, ist ein wirklich gutes Insektenmarketing.

Andere leckere Insekten

Ich kann folgende Tierchen empfehlen: Raupen, Schmetterlingslarven, Fliegeneier (winzig) und Ameiseneier (riesig und cremig), mexikanische Holzläuse und natürlich die riesigen Maden des Palmrüsslers (siehe Seite 164). Auf meiner Wunschliste stehen noch Wespen, Engerlinge und Spinnen.

Dazu passt: ein markiger thailändischer Whisky

⑥⑤ Frittierte Skorpione

Der Donghuamen-Nachtmarkt in Peking ist das weltbekannte Zentrum für schräge Lebensmittel. Östlich der Verbotenen Stadt (nahe der Station Wangfujing) säumt eine lange Reihe von Ständen eine Straße. Dort werden Seidenspinnerlarven, Taubenküken (werden ganz gegessen, mit Flügeln und allem – auch sehr lecker!), gegrillte Schlangenhaut, Eidechsen und Grashüpfer verkauft. Besonders abgefahren sind aber die Skorpione. Ich hätte nie gedacht, dass ich einmal einen essen würde, geschweige denn einen ganzen Spieß.

In einem großen Metalleimer sitzen lebende Skorpione, und wenn man einen Spieß bestellt, nimmt der Standbetreiber einen Skorpion nach dem anderen vorsichtig mit einer Pinzette heraus. Sie sind mit zum Angriff aufgerichtetem Schwanz etwa 5 cm lang. Noch lebend werden sie auf einen Holzspieß gesteckt und zappeln verzweifelt mit den Beinen. Allerdings nicht lange, denn nun wird der Spieß etwa eine Minute lang in einen Topf mit siedendem Öl getaucht. Anschließend lässt man die Skorpione auf Papier abtropfen, und sie gehen für den Preis eines Bieres über die Theke. Sie sind knusprig und knackig und schmecken wie salzige Kartoffelchips.

Leider ist der Nachtmarkt inzwischen sehr touristisch. In gebrochenem Englisch locken die Standbetreiber und erzählen zum wahrscheinlich tausendsten Mal die gleichen schlechten Witze. Das Ganze wirkt irgendwie verkehrt. Allerdings sind die meisten Touristen selbst Chinesen, und viele von ihnen finden das Essen ebenso sonderbar wie die westlichen Touris, die über den Markt schlendern.

Frei nach dem Grundsatz, nichts Essbares zu verschwenden (siehe Yak-Penis, Seite 174), hat sich in China eine vielfältige kulinarische Tradition entwickelt. Dennoch erlebt die westliche Fast-Food-Kultur dort einen wahren Boom. Junge Chinesen essen einfachere und mehr industriell produzierte Nahrung als frühere Generationen. Tendenziell haben jüngere Chinesen auch einen deutlich konservativeren Geschmack als ihre Eltern. Besonders spaßig ist es unter dieser Voraussetzung, den Jungs dabei zuzusehen, wie sie auf eher ausgefallenere „Liebhabergerichte" reagieren. Das ist dann ein bisschen wie auf der Kirmes, wo junge Männer versuchen, ihre Kumpel auszustechen und gleichzeitig ihre Freundinnen zu beeindrucken, untermalt von reichlich Mädchengekreische.

Dazu passen: ein paar ordentliche, kurze
Reisschnäpse

⑥⑥ Entenschwimmhäute

Bevor ich zum ersten Mal in China war, wäre mir nie eingefallen, dass Entenfüße ein ganz brauchbares Essen abgeben. Klar, ich hatte schon Hahnenkämme (zart wie Kalbsleber, falls es Sie interessiert), Hühnerfüße (von denen man die weiche Haut abnagt) oder Hühnermägen (mager und erstaunlich knusprig) gegessen, aber was wollte man schon von Entenfüßen erwarten? Nun, zumindest eine einzigartige Erfahrung. Einerseits habe ich sie wegen ihrer wirklich ungewöhnlichen Textur in meine Liste der 101 unverzichtbaren Gerichte aufgenommen, andererseits um die Person zu würdigen, die einst auf die Idee kam, das Zeug zu probieren.

Wie bei vielen Speisen ist das wirklich Interessante auch hier die Textur. Ihretwegen sind Entenschwimmhäute in China eine teure Delikatesse. Aber sie sind auch Ausdruck einer ganz speziellen Einstellung zum Essen. Traditionell verwerten die Chinesen jeden Teil eines Tieres, um auch das letzte Eiweißmolekül zu extrahieren. Wohlhabendere Nationen gehen deutlich großzügiger mit ihrem Essen um, und es stimmt natürlich, dass die Extremitäten und Innereien eines Tiers in der Regel aufwendiger in der Zubereitung sind. Viele der Teile, die wir heute als Schlachtabfälle bezeichnen, waren früher auch bei uns Delikatessen. Aber da Milz, Bäckchen, Genitalien und Entenfüße viel Vorbereitung erfordern, hat sich unsere Vorliebe irgendwann in Ablehnung verkehrt.

Schwimmhäute sind gummiartig und zäh, und sie schmecken nach nicht viel mehr als der aromatischen Sauce, mit der man sie isst. Aber es macht richtig Spaß, sie zu essen – es sei denn, sie kommen direkt aus dem Kühlschrank; kalt sind sie nämlich noch zäher als ohnehin schon.

Andere Ententeile

In Pekinger Supermärkten gibt es abgepackte Entenköpfe. Ungewöhnliche Sache, wirklich. Sie werden auf unterschiedliche Arten zubereitet, häufig wie Pekingente (siehe Seite 114), und dann knabbert man die Haut ab. Gegessen werden außerdem Zunge und Hirn. Beides gilt als große Delikatesse.

Andere essbare Füße

Kuhhufauflauf klingt komisch, aber früher wurden Rinderfüße oft für Schmorgerichte verwendet. Natürlich ist fast kein Fleisch daran, aber sie verleihen dem Gericht Geschmack und Bindung durch Gelatine. Beim Metzger kann man Kalbs(fuß)knochen kaufen und in einem Eintopf oder Schmorgericht mitgaren, um die Sauce zu binden, dem Aroma Tiefe zu verleihen und den faden Geschmack und die Klümpchen einer Mehlschwitze zu umgehen. Hühnerfüße sind eine große Spezialität in Dim-Sum-Restaurants. Das Spannende daran ist die zarte Haut. Schweinsfüße (siehe Seite 46) sind in vielen Ländern eine Delikatesse, und auch wenn sie nicht direkt ein Fuß ist, erfreut sich geschmorte Lammhaxe wieder größerer Beliebtheit. Extremitäten sind so beliebt, weil das lange Garen Sehnen und Haut, von denen es am Fuß ja reichlich gibt, in eine köstlich samtige Masse verwandelt.

Dazu passt: ein chinesischer Weißwein der Marke „Great Wall" – Achtung: ziemlich knackig!

⑥⑦ Karibu

In der Regel bin ich kein reuiger Esser. Ich habe mich mit dem Für und Wider des Fleischessens auseinandergesetzt, und ich versuche immer, Fleisch von artgerecht gehaltenem Vieh zu kaufen. Deshalb stehe ich zu allem, was ich esse. Mit Karibu allerdings habe ich ein echtes Problem, und das aus einem einfachen Grund: Ich war einmal Weihnachtsmann.

Es war der Winter 1986. Ich hatte Weihnachtsferien und war (wie immer) knapp bei Kasse. Also bewarb ich mich im örtlichen Einkaufszentrum. Man steckte mich in Unmengen von rotem Polyester und drückte mir eine kratzige Perücke und einen falschen Bart auf. Dann setzte man mich auf einen Thron, umgeben von Tannengrün, drückte mir einen Sack mit Päckchen in die Hand und sagte: „Also, Sie sind jetzt der Weihnachtsmann." Ich war 19.

Ich habe es GELIEBT, Weihnachtsmann zu sein. Wer hätte das nicht? Man bringt staunenden Kindern unter den stolzen Blicken ihrer Eltern Freude und Weisheit. In vielerlei Hinsicht ist es eine Machtposition: Freche Knirpse kommen in den Laden und verwandeln sich durch den Zauber des Alten mit dem weißen Bart in die artigsten Kleinen auf der ganzen Welt. Es lohnt sich nicht, dem Weihnachtsmann blöd zu kommen. Ich wünschte nur, ich hätte noch einen Teil dieser Zauberkraft für meine eigenen Kinder übrig.

Jedenfalls entstand aus dieser magischen Erfahrung eine tiefe Verbundenheit mit dem Weihnachtsmann, Schnee, Bärten und Rentieren – und Karibus sind genau das: Rentiere. Zusätzlich ist Rudolph wesentlicher Bestandteil der Weihnachtsgeschenkekette: kein Rentier, kein Weihnachtsmann auf dem Dach, ergo keine Geschenke.

Ich hatte die Hoffnung, niemals mit einem Rentier aneinanderzugeraten (ich wollte es mir mit dem Alten mit dem Bart und den Geschenken bestimmt nicht verscherzen). Wenn man allerdings beruflich um die Welt reist und isst, sind heikle

Karibufakten

Karibus sind die wild in Nordamerika heimischen Rentiere. Ihr Verbreitungsgebiet ist die Arktis und Sub-arktis. Karibus sind hervorragend an ein Leben im Eis angepasst. Im Winter fressen sie Flechten, Blätter und Gras, und man weiß, dass sie auf ihren Wanderungen unglaubliche Strecken zurücklegen, weitere als alle anderen Landsäugetiere, nämlich bis zu 5000 Kilometer im Jahr.

Situationen vorprogrammiert. Ich drehte eine Dokumentation über Essen und Kultur der Inuit und landete mit vier Inuit-Jägern und meinem Kameramann und Freund Marc weit jenseits des Polarkreises. Wir waren 100 Kilometer entfernt von jeglicher Zivilisation. Unser Boot war vom Eis fast eingeschlossen, unsere Essensvorräte gingen zur Neige. Glücklicherweise hatten unsere Inuit-Freunde einen Beutel mit Fleisch dabei. Unglücklicherweise war es ... Karibu, roh und gefroren. Ich schloss meine Augen und versuchte mir vorzustellen, es sei Rind. Aber so sehr ich mich auch bemühte, ich konnte nichts anderes denken als: „Ich esse Rudolph!" Roh hat Karibu übrigens ein volles, leicht wildartiges Aroma. Oh, verzeih mir, lieber Weihnachtsmann!

Inzwischen habe ich dreimal Rentier gegessen. Einmal sogar in Lappland. Es war Rentiereintopf, und ich muss gestehen, dass ich ihn gern gegessen habe. Als mildernder Umstand könnte gelten, dass −40 °C herrschten, und wenn ich nichts gegessen hätte, wäre ich vielleicht nicht mehr lebend nach Hause gekommen.

Getrocknetes Rentierfleisch kann man vielerorts kaufen. Das magere Fleisch wird gepökelt und getrocknet. Das Ergebnis sind ledrige, zähe Streifen mit kräftigem Geschmack, ähnlich wie südafrikanisches Biltong.

Eine kleine Warnung zum Schluss: In dem Jahr, in dem ich das rohe Karibu gegessen hatte, habe ich fast nur bescheuerte Geschenke zu Weihnachten bekommen. Also Vorsicht, es steht viel auf dem Spiel!

Dazu passt:
Moltenbeerenbier und
Aalborg Dild Aquavit
(mit Dill)

⓺⓼ Yak-Penis

Das Restaurant Guo-li-zhuang in Peking ist sehr berühmt für eine Spezialität: Penis. Mir ist durchaus bewusst, dass Genitalien eher selten auf Ihrer Einkaufsliste stehen. Aber falls Sie je die Möglichkeit haben, sollten Sie einmal einen probieren.

Bevor ich mit meinem kleinen Reisebericht beginne, müssen wir zunächst die Kindereien aus dem Weg räumen. Als ich das Guo-li-zhuang für ein seriöses TV-Format über Ernährungspolitik besuchte, glaubte ich, das Gekicher gleich zu Anfang abhaken zu können, indem ich sagte: „Es ist das erste Mal, dass ich einen Penis im Mund hatte, aber ich fand's gut und werde es bestimmt wieder tun." Dieser Witz sollte die Luft reinigen für ein ernsthaftes Gespräch über die Bedeutung des Essenswahns und die außergewöhnliche Fähigkeit der Chinesen, jedes Gramm Eiweiß aus Lebensmitteln zu quetschen. Wie falsch ich doch lag. Während des gesamten Essens kicherten meine Dolmetscherin und meine Aufpasserin von der chinesischen KP ununterbrochen, obwohl die Restaurantchefin die beiden ansah wie eine gestrenge Gouvernante. Nun gut.

Jedenfalls ist Penis als Nahrungsmittel in China mit allerlei kultureller und historischer Bedeutung behaftet. Das Land hat eine lange Geschichte an Hungersnöten und Kriegen (bei vielen noch in lebendiger Erinnerung) sowie der einen oder anderen Naturkatastrophe. Dies führte dazu, so viel Nährwert wie möglich aus jeder Zutat herauszuholen. Füße, Haut, Milz, Blase und Kopf werden alle in der chinesischen Küche verwendet, und warum auch nicht? Zwar sind in unseren Breitengraden viele so konditioniert, dass sie alles Unvertraute „bäh!" finden, doch landen viele Teile, die wir wegwerfen, sowieso in unserem Essen, wenngleich zerkleinert in Wurstwaren und Burgern. In einer Welt, in der die Ernährungssituation jeden Tag prekärer scheint, würden wir gut daran tun, jedes verfügbare Bisschen zu verwerten. Yak-Penis ist dafür ein geeignetes Symbol.

Genitalien sind eigentlich eine Delikatesse in China, und die Besitzer des Guo-li-zhuang (anders als meine Begleiterinnen) sind ausschließlich Männer. Für sie gibt es noch einen anderen Grund für den Verzehr von Penissen: Sie gelten als Aphrodisiakum. Ich konnte das leider nicht überprüfen, denn meine Frau war nicht mit auf dieser Reise. Aber unser Fahrer, der sich eine ordentliche Portion Yak-Penis einverleibt hatte, hatte am nächsten Tag zweifellos ein ziemlich breites Grinsen im Gesicht.

Also, nach was schmeckt Yak-Penis? Nun ja, das ist schwer zu beschreiben. Eigentlich nach Penis. Es ist ein relativ unaufdringliches, mageres Fleisch, weshalb es nach der aromatischen Brühe schmeckt, in der es pochiert wird. Viel wichtiger ist die Textur: Sie ist zäh, fast federnd und, wenn die Zähne das Fleisch durchbissen haben, unbestreitbar knackig. Es ist ein ganz außergewöhnlicher und schwer zu beschreibender Eindruck. Im Grunde fühlt es sich so an und schmeckt, als würde man einen Penis essen.

So wird Yak-Penis gegart

Falls sich jemals ein 30 cm langer Yak-Penis in Ihren Kühlschrank verirrt, Sie aber keine Ahnung haben, wie Sie ihn zubereiten sollen – keine Panik, ich sage Ihnen alles, was Sie wissen müssen: Den Penis 30 Sekunden in kochendem Wasser blanchieren. Die Haut abziehen und den Penis mit einer Geflügelschere der Länge nach halbieren. Die Hälften flach auf ein Schneidebrett legen und in den ganzen Penis mit einem Messer kleine Kerben in 5-mm-Abständen einschneiden. Den Penis nun in 5 cm große Stücke schneiden. Gemüsebrühe, Zitronengras, Koriander, Chili und geröstetes Sesamöl zusammen aufkochen. Die Penisstücke 1 Minute darin gar ziehen lassen. Sie rollen sich dabei zu unerwartet hübschen Penisblumen auf. Mit Sojasauce zum Tunken servieren.

Dazu passt: Hirschpenissaft (ein Hirschpenis wird ein Jahr lang in einer Flasche reinen Alkohol eingelegt und dann getrunken) – aua!

⑥⑨ Kamelhöcker

Mein erstes Kamel gemolken habe ich im Nahen Osten. Die Kameldame war zunächst wenig begeistert (tatsächlich hat sie mich fast durch die Negev gekickt), gab dann aber nach und spendete mir einen ordentlichen Schluck feiner, dicker Milch, die überraschend unkamelig, eher wie frisch pasteurisierte Kuhmilch schmeckte.

Meine Kameldame war groß und störrisch. Die Tiere sind aber so wichtig für die Beduinen, dass sie weit mehr als die kleine, eigentlich praktischere Karre kosten, in der mich meine Beduinenfreunde herumchauffierten. Das Kamel hat für viele Araber einen hohen ideellen Wert, ist in Nord- und Zentralafrika sowie im Nahen Osten aber auch eine bedeutende Nahrungsquelle. Bereits die alten Griechen beschrieben Kamel, am Stück gebraten, als Festessen.

Kamele sind riesige Geschöpfe, die mehrere Hundert Pfund Fleisch liefern. Hoch geschätzt werden das Rippenstück, der Rücken und auch das Brustfleisch. Doch am begehrtesten und teuersten sind die Höcker. Häufig werden sie geschmort und dann im Teigmantel ausgebacken. So habe auch ich sie gegessen. Der Geschmack ist verblüffend: Es ist eine Mischung aus der köstlich saftigen Vollendung des Kobe-Rinds (siehe Seite 72) und fies fettigem Junkfood aus kleingehäckseltem Fleisch. Er ist weich und zart und schmeckt, wie Kamelmilch, sehr unkamelig. Ich kann nicht genau sagen, ob Kamelhöcker zum Feinsten oder Schlimmsten gehört, das ich in meinem Leben gegessen habe. Ich habe ihn in meine Liste aufgenommen in der Hoffnung, dass auch Sie ihn eines Tages probieren und mir bei der Urteilsfindung helfen werden!

Was ist in einem Kamelhöcker?

In der Schule wurde mir erzählt, dass Kamelhöcker als Wassertanks dienten. Das ist ärgerlicherweise falsch. Tatsächlich bestehen die Höcker fast ausschließlich aus Fettgewebe und sind daher Energiespeicher – ein wenig wie der Fetthöcker auf dem Hinterleib des Fettschwanzschafes. Wenn andere Nahrungsquellen fehlen, kann das Kamel dieses Fett in Energie umwandeln. Überdies schützt der Höcker einige lebenswichtige Organe des Kamels vor den Strahlen der sengenden Sonne, denn das Fettgewebe ist nur schwach durchblutet und ein schlechter Wärmeleiter. Dass Kamele sehr lange Zeit ohne Wasser auskommen, liegt zumindest teilweise daran, dass sie, wenn sie trinken, Unmengen trinken.

Kamelfakten

Kamele können 60 bis 80 Jahre alt werden. Das einhöckerige Dromedar ist wesentlich häufiger. Auf ein zweihöckeriges Trampeltier (oder Baktrisches Kamel) kommen rund zehn Dromedare. Lamas und Alpakas gehören ebenfalls zur Kamelfamilie und werden als „Neuweltkamele" bezeichnet. Alle Kamele halten in Körpertemperatur und Flüssigkeitshaushalt Schwankungen aus, die für andere Lebewesen tödlich wären. Sie fangen erst an zu schwitzen, wenn ihre Körpertemperatur über 41 °C steigt – im Gegensatz zu mir, der schon zu schwitzen beginnt, wenn die Außentemperatur über 22 °C liegt. Kamele haben extrem lange, sexy Wimpern, sind aber trotzdem die störrischsten Tiere, denen ich je begegnet bin – wofür ich sie durchaus respektiere.

Dazu passt: Kamelmilch, falls Sie welche auftreiben können

Tausendjährige Eier sind nicht wirklich 1000 Jahre alt, auch wenn sie ohne Frage so schmecken. Es handelt sich dabei um Enten- oder Hühnereier, die in eine mit Teeblättern, Ätzkalk und Lauge gemischte Lake eingelegt und dann ein paar Wochen bis zu mehreren Monaten in einer Hülle aus Ton, Ätzkalk, Salz und Asche aufbewahrt werden.

⑦⓪ Tausendjährige Eier

Wenn man ein Tausendjähriges Ei aufmacht, schlägt einem als Erstes ein ziemlich starker Schwefelgestank entgegen, der, je nach Vorliebe, Übelkeit oder Entzücken hervorruft. Dann fällt einem die ungewöhnliche Farbe auf: Unterschiedliche Methoden erzeugen unterschiedliche Ergebnisse, aber häufig wird aus dem Eiweiß eine dunkelbraune, aspikartige Masse, während sich das Eigelb dunkel blaugrün oder schwarz verfärbt. Besonders toll sieht das Ei halbiert aus, auch wenn jede Synapse Ihres Hirns Ihnen signalisiert, dass Sie dieses Zeug auf keinen Fall essen sollten.

Ich glaube, Sie sollten Ihren natürlichen Ekel ignorieren, Ihre Angst überwinden und einmal ein Tausendjähriges Ei probieren – wegen des Abenteuers, aber auch, weil sie ein Stück Geschichte sind. Die Zubereitung basiert auf einer alten Methode, mit der man überschüssige Eier für Notzeiten haltbar machte, und Geschmack und Textur sind noch genauso wie in der Ming-Dynastie vor 500 Jahren. Na, wenn das nicht lebendige Geschichte ist!

Tausendjährige Eier sind in den meisten chinesischen Supermärkten erhältlich. Aber bei aller Begeisterung empfehle ich Ihnen, nicht zu viele Eier zu kaufen – man hat verdammt schnell genug davon.

Dazu passt: ein chinesischer Reiswein

Bitte nicht nachmachen!

Was ich hier beschreibe, ist die einfachste Methode zur Herstellung von Tausendjährigen Eiern. Sie dient nur der Information. Versuchen Sie nicht, das nachzumachen. Die Eier werden zunächst zwei Wochen in einer speziellen Lake eingelegt. Dann wird ein starker Tee aufgebrüht und mit reichlich Salz, Ätzkalk und Holzasche gemischt. Diese Paste ist hochkorrosiv und darf nicht in Hautkontakt kommen. Die Eier werden damit überzogen und ruhen dann etwa drei Monate, bevor sie serviert werden können.

Rezepte mit Tausendjährigen Eiern

Wenn Sie die Eier halbieren, werden ihre schönen „Jahresringe" sichtbar. Es gibt aber auch ein paar Rezepte. Sie können die Eier hacken und auf Omeletts geben, in eingelegten Ingwer rollen oder in Scheiben auf Tofu, garniert mit Ingwer und Frühlingszwiebeln, servieren. Eine weitere berühmte Serviermethode ist ein ungewöhnliches Congee aus gehackten Tausendjährigen Eiern, Schweinefleisch und Reisbrei. Allerdings fürchte ich, dass Sie eine wirklich stabile Konstitution brauchen, um dieses Gericht zu vertragen – es sei denn, Sie sind in China oder in der Nähe aufgewachsen.

8. Aus dem Meer

Aus dem Meer

Ich muss immer ein wenig schmunzeln, wenn ich meine Fischkochbücher ansehe. Sie scheinen ständig um eine Daseinsberechtigung zu kämpfen: Jedes Buch besteht zu einem beachtlichen Teil aus enzyklopädischen Beschreibungen über Art, Familie und Lebensraum. Das ist ja alles ganz interessant, nimmt dem Rezeptteil aber viel Platz weg. Das alles hat seinen Grund: Die beste Art, fast jeden guten, wirklich frischen Fisch zuzubereiten, ist, ihn unter den Grill zu schieben und schnell zu essen.

Okay, ich weiß, dass es ein, zwei schöne Sachen gibt, die man mit einem Fisch anstellen kann, wenn man die Muße und die Möglichkeiten hat. Aber ich habe schon viele überkandidelte Fischgerichte gegessen, bei denen ich wünschte, der Koch hätte eine so edle Kreatur vor einem gastronomisch so irritierenden Schicksal bewahrt. Zu den großen Fischtravestien gehören die seltsam populären Filets de soles Mornay, Seezungenfilets ertränkt in einer käsigen Béchamelsauce – ein kulinarisches Verbrechen, das die Franzosen regelmäßig begehen. Ich frage mich immer, wie eine so kultivierte Nation mit kulinarischem Gespür zu so etwas fähig sein kann.

Glücklicherweise muss ich keine 250 Seiten mit Material über Fisch füllen. Auch wenn die *Sardinen* und der *Petersfisch* ganz geradlinige „Die Fische starker Hitze aussetzen"-Rezepte sind, experimentiere ich bei meinen anderen Lieblingsfischgerichten doch ein bisschen mit Zutaten und Zubereitung. Das Zauberwort heißt aber nach wie vor „schlicht". *Linguine mit Muscheln* ist die Lieblingsvariante meiner Frau sowohl für Schalentiere also auch für Pasta und eher eine Zusammenstellung von Zutaten als Kochen. Die *Knoblauchgarnelen* gehören zu den einfachsten und doch geschmacksintensivsten Rezepten der Welt.

Um Ihre Abenteuerlust auf die Probe zu stellen, habe ich auch ein paar längere Rezepte für *Bouillabaisse* und *Krebsfleischsoufflé* mit aufgenommen. Doch bei allen geht es darum, den Hauptzutaten das maximale Vergnügen zu entlocken, und nicht, etwas Neumodisches zu kreieren. Denn tatsächlich ist *Bouillabaisse* ein uraltes Rezept.

Ein paar Worte noch zum Fischkauf, wenn Sie erlauben. Ich weiß, dass die Haushaltskassen begrenzt und alte Angewohnheiten schwer zu ändern sind, vor allem wenn man eine ganze Familie satt kriegen und allerlei „Nahrungsmittelallergien" berücksichtigen muss. Aber die richtige Auswahl des Fisches kann die Welt verbessern. Also, wenn Sie es sich leisten können, versuchen Sie, Fisch zu vermeiden, dessen Bestand bedroht oder Zucht ökologisch bedenklich ist. Kaufen Sie lieber Wildfisch als solchen aus Farmen, eher aus Langleinen- als aus Schleppnetzfang. Und Achtung bei Riesengarnelen, die häufig in Südostasien unter Zerstörung der einheimischen Arten gezüchtet werden.

Wenn wir den Produzenten und Fischern einen Anreiz geben, Rücksicht auf die Bestände zu nehmen, können wir den Artenreichtum auch für die nächsten Generationen erhalten und weiterhin Fisch genießen!

⑦ Linguine mit Muscheln

Das ist das Lieblingspastagericht meiner Frau – zu Recht. Es sieht toll aus, schmeckt lecker, und man darf sogar mit dem Essen spielen. Ich wünschte nur, es wäre ein bisschen schwieriger. Denn wann immer ich das Gericht koche, habe ich das Gefühl, ich hätte irgendetwas vergessen, so extrem einfach ist es.

Wie viele andere großartige Rezepte in diesem Buch ist auch dieses ein alter Klassiker und hat nichts mit meinem Erfindungsgeist zu tun. Es ist einfach nur eine Kombination aus Schalentieren, etwas Knoblauch, Olivenöl und Petersilie. Es ist schlicht und einfach, aber es bringt die Geschmacksknospen zum Tanzen. Das Einzige, worauf Sie achten müssen, ist, dass die Muscheln ordentlich sauber sind. Ein Mund voller Sand und Schlamm ist nicht besonders angenehm. Verwenden Sie möglichst dünne Pasta, sonst gehen die Muscheln darin unter.

Für dieses Rezept können Sie jede Art von Schalentieren verwenden. Wenn Sie in Frankreich sind, finden Sie vielleicht sogar diese kleinen „Tellines", kleine dreieckige Venusmuscheln, die zwar nicht viel Fleisch haben, aber toll schmecken und super aussehen. Herzmuscheln sind eine wunderbare Alternative.

Der 1-Minuten-Pasta-Kurs

Pastaformen können verwirrend sein. Warum sollte man Farfalle anstelle von Spaghetti oder Penne statt Orechiette verwenden? Nun, das ist alles eine Frage der Sauce. Ganz allgemein gilt: Je feiner die Sauce, desto dünner die Pasta, während grobe Ragùs und Sahnesaucen breitere Nudeln verlangen. Um eine schöne, dicke Wildschweinsauce aufzunehmen, sollten Sie breite, flache Nudeln wie Pappardelle verwenden. Lachsstücke sind in etwa so groß wie Penne, sodass sie nicht alle auf den Schüsselboden rutschen, und Orechiette passen wunderbar zu kleinen Brokkoliröschen und gutem Pesto (andererseits: Mit einem guten Pesto geht alles!). Hauptsache, man gibt nicht zu viel Sauce über die Nudeln. Schließlich sollte man immer noch die Pasta schmecken und ihre Textur im Mund erkennen. Die Sauce sollte die Pasta umhüllen, nicht sie ertränken.

Zutaten

Für 4 Personen als Vorspeise

200 g getrocknete Linguine

3 EL natives Olivenöl extra

4 Knoblauchzehen, fein gehackt

2 Schalotten, fein gehackt

$^1/_2$ frische rote Chili, fein gehackt

125 ml Weißwein

1 kg frische Venusmuscheln, gesäubert

1 Handvoll Petersilie, gehackt

Schale von 1 Zitrone

Salz und Pfeffer

Zubereitung

Die Linguine nach Packungsangabe al dente kochen. Das Wasser abgießen, die Nudeln abtropfen und in etwas Olivenöl wenden. Abgedeckt warm halten.

Die Hälfte des Olivenöls in einem großen Topf mit Deckel erhitzen. Knoblauch, Schalotten und Chili darin bei starker Hitze 8–10 Minuten weich dünsten. Mit dem Wein ablöschen, zum Kochen bringen und 2 Minuten einkochen lassen. Die Muscheln zufügen und bei geschlossenem Deckel 2–5 Minuten dünsten, bis sie sich geöffnet haben. Muscheln, die geschlossen bleiben, aussortieren. Nudeln, Petersilie, Zitronenschale und restliches Öl zufügen. Mit Salz und Pfeffer würzen und alles vermengen.

Auf vorgewärmten, tiefen Tellern anrichten und sofort servieren. An einen Teller für die leeren Muschelschalen denken.

Dazu passt: ein weicher, barriqueausgebauter Chardonnay

⑦ Thai-Laksa mit Lachs

Koriander, Ingwer, Limettensaft, geröstetes Sesamöl, rote Chili, Fischsauce und Kokosmilch – wenn man die üblichen Verdächtigen thailändischen Geschmacks kombiniert, passiert etwas Magisches. Jede Zutat für sich ist toll, aber sie zu mischen, grenzt an Alchemie, bei der eine frische und belebende, kräftige und doch feine, samtige und spritzige Sauce entsteht. Es ist meine liebste Aromenkombination und einer der Gründe, weshalb ich so gerne durch Thailand reise. Eine Schüssel mit gegrilltem Fisch und Nudeln mit dieser Sauce in einer dieser fantastischen Restaurantbuden an einem schönen Strand, mit einer leichten Meeresbrise um die Nase – es gibt nichts Besseres!

Meine thailändische Freundin Pla sagt, dass Lachs bei ihr zu Haue eher selten ist, aber stimmte mir zu, dass Lachs ein wunderbarer Fisch für Laksa ist. Und sie muss es wissen, denn ihr Vorname bedeutet „Fisch". Laksa heißt „Nudel" (abgeleitet vom Thai-Wort für „glitschig") und steht für eine traditionelle Nudelsuppe. Es ist ein üppiges, sehr sättigendes Gericht, Sie brauchen also keine Riesenteller voll.

Zutaten

Für 6 Personen als volles Hauptgericht

Saft und Schale von 2 Limetten

2 EL Sonnenblumenöl

1 rote Chili, entkernt und fein gehackt

4 Knoblauchzehen, zerdrückt

2,5-cm-Stück Ingwerwurzel, gerieben

1 TL gemahlener Koriander

1 kleines Bund frischer Koriander

1 EL Sesamöl

3 EL Fischsauce

500 ml Gemüsebrühe oder Fischfond

800 ml Kokosmilch

3 Karotten, in sehr feinen Scheiben

400 g Nudeln

1 EL Sesamöl

1 EL Pflanzenöl

75 g Brokkoliröschen

500 g Lachsfilet, in halbfingerbreiten Scheiben

1 EL frisch gehackter Koriander, zum Garnieren

Superschnelles Schummel-Laksa

Heutzutage gibt es grüne Currypaste in jedem gut sortierten Supermarkt – ein tolles Zeug! Für eine Variante dieses Gerichts, die wirklich ruck, zuck gemacht ist und trotzdem lecker schmeckt, einen Löffel Currypaste mit einer Dose Kokosmilch in einen Topf geben und sanft zum Köcheln bringen. Ein paar dünn geschnittene Gemüsestücke und ein paar Nudeln hineinwerfen und 4 Minuten köcheln lassen. Den Herd ausschalten, ein paar Lachsstücke im Topf versenken und vor dem Servieren 3 Minuten ziehen lassen.

Zubereitung

Die ersten 9 Zutaten im Mixer zu einer Paste verarbeiten.

Einen großen Topf bei mittlerer Hitze auf den Herd setzen und die Paste darin 1 Minute anbraten. Mit Brühe und Kokosmilch ablöschen und die Karotten zufügen. Die Suppe zum Kochen bringen und 10 Minuten sanft köcheln lassen. Währenddessen die Nudeln nach Packungsangabe garen. Abtropfen lassen und mit einem Spritzer Sesamöl und Pflanzenöl wieder in den warmen Topf geben. Abgedeckt warm halten.

Den Brokkoli in die Suppe geben und erneut zum Kochen bringen. Den Herd ausschalten, die Lachsscheiben zufügen und vorsichtig unterrühren. Dann 3 Minuten ziehen lassen.

Zum Servieren in jede Schale eine Handvoll Nudeln geben. Das Laksa darübergießen und mit etwas Koriander garnieren.

Dazu passt: Singha-Bier aus Thailand

Kho Nang Yuan

Das ist ein unglaublich schönes Trio winziger Inseln, die von einem Sandstrand zusammengehalten werden. Es wirkt fast wie die Parodie eines tropischen Inselparadieses, mit einem kleinen Restaurant und vielen kleinen Hütten, in denen man übernachten kann. Das Essen ist wundervoll, wenn auch ein bisschen teurer als in den Restaurants auf dem Festland. Aber schließlich muss alles in Booten herangeschippert werden, selbst das Wasser zum Trinken, Kochen und Spülen. Eines Abends versetzte mich die Kombination aus einem fantastischen Thai-Laksa und dieser atemberaubenden Kulisse in eine derartige Euphorie, dass ich meiner außerhalb-meiner-Liga-schönen Freundin eine verrückte Frage stellte, die ich mich sonst nie zu stellen getraut hätte. Wir sind inzwischen glücklich verheiratet und haben zwei süße, freche Töchter.

⑦ Muschel-Chorizo-Topf

Dies ist ein kräftiges, rustikales Essen, bei dem sich milde, zarte Muscheln mit pikanter, spanischer Wurst zu einer Geschmacksbombe vereinen. Das Gericht erinnert mich an all das Gute der portugiesischen Küche. Obendrein geht es schnell und ist günstig. Die Zutaten lassen eine herrlich duftende Sauce entstehen, die geradezu zum Dippen mit Brot geschaffen ist.

Die klassische Version des Gerichts wird mit Venusmuscheln zubereitet. Ich bin aber der Ansicht, dass die kräftige Chorizo deren feines Aroma erschlägt. Deshalb bevorzuge ich Miesmuscheln. Am besten verwendet man frische Chorizo, wenn Sie aber nur geräucherte mögen, tut es die natürlich auch. Und wenn Sie irgendwo ein Glas kleine, süße Piquillo-Paprika auftreiben können, umso besser.

Dazu passt: ein guter, roter Rioja

Schnelles Knoblauchöl

Dieses Öl passt geradezu lächerlich gut zu diesem Gericht: Eine Knoblauchzehe abziehen und halbieren, dann mit der Handfläche oder einer kleinen Teigrolle fest auf einen Teller drücken, bis der Saft herausspritzt. Die Zehe in die Tellermitte legen und einen Spiegel natives Olivenöl extra angießen. So entsteht ein köstlich kräftiges Öl zum Brottunken. Ihre Gäste werden es lieben, und Sie werden schneller Öl nachgießen müssen, als Sie ahnen. In Südfrankreich und Nordspanien kann man flache Schalen mit einer geriffelten Mitte speziell für diesen Zweck kaufen. Der Knoblauch wird in der Mitte aufgerieben, und das Öl darübergegossen. Ich kaufe diese Teile ständig.

Zutaten

Für 4 Personen als Hauptgericht

1 kg Miesmuscheln

2 EL Olivenöl

500 g Chorizo (vorzugsweise ungeräuchert), in 1 cm dicken Scheiben

250 g Frühstücksspeck (am Stück, falls möglich), grob gehackt

3 große Knoblauchzehen, gehackt

4 EL Butter

$\frac{1}{2}$ TL scharfes, geräuchertes Paprikapulver

1 kleines Glas milde Piquillo-Paprika, abgetropft, oder 1 große rote Paprika, grob gewürfelt (nach Belieben)

160 ml Weißwein

270 ml Hühnerbrühe

1 große Handvoll Petersilie, fein gehackt

frisches Baguette, zum Servieren

Variationen

Wenn Sie mal viel Geld ausgeben wollen, versuchen Sie, Teppichmuscheln zu bekommen. Scheidenmuscheln sind auch optisch eine Abwechslung. Eine geschmacklich andere Dimension erhält das Gericht, wenn Sie ein paar zuvor in warmem Wasser eingeweichte Safranfäden mit den Muscheln in den Topf geben.

Zubereitung

Die Muscheln putzen und die Bärte entfernen. Beschädigte Muscheln oder solche, die sich beim Draufklopfen nicht sofort schließen, aussortieren.

Das Olivenöl in einem großen Schmortopf bei hoher Stufe erhitzen. Chorizo und Speck darin 10 Minuten anbraten, bis sie zu bräunen beginnen. Die Hitze reduzieren, Knoblauch, Butter, Paprikapulver und Piquillo-Paprika zufügen und 2–3 Minuten weich dünsten.

Muscheln, Wein und Brühe zugeben. Die Hitze auf starke Stufe erhöhen und die Muscheln bei geschlossenem Deckel garen. Sie öffnen sich, sobald der Sud zu kochen beginnt. Wenn sie offen sind, noch 1 Minute garen. Muscheln, die geschlossen bleiben, aussortieren.

Mit dem Sud in vorgewärmte Suppenteller füllen, mit Petersilie bestreuen und mit Baguette sofort servieren.

⑦④ Seeigelrogen

Seeigel sehen auf den ersten Blick nicht besonders genießbar aus. Aber wenn man einen dieser kleinen Kerle aufschneidet, kommt eine wunderbare Köstlichkeit zum Vorschein: Hinter der harten, stacheligen Schale verbirgt sich ein köstlicher, außergewöhnlich süßer Fleischkern. Er wird roh direkt aus der Schale gegessen (mit einem Teelöffel) und von Kennern, vor allem rund ums Mittelmeer, sehr geschätzt.

Falls Sie beim Baden je auf einen Seeigel getreten sind, ist nun die Zeit der Rache gekommen. Und ein wenig Rachlust schärft den Geschmackssinn! Ihre extrem stachelige Schale schützt die Seeigel sicher vor den meisten Raubtieren. Nur haben sie nicht damit gerechnet, Ihnen zu begegnen, mit einer Küchenschere bewaffnet! Ha!

Der kniffligste Teil ist, die Schale mit der Schere zu öffnen. Ich empfehle Ihnen, Gummi- oder, bei besonders stacheligen Exemplaren, Gartenhandschuhe zu tragen. Stechen Sie mit der Schere von unten in die Seeigel und schneiden Sie sie ringsum auf. Versuchen Sie, den Seeigel dabei gerade zu halten, denn wahrscheinlich ist noch ein bisschen Meerwasser im Inneren. Es gibt allerdings keine wirklich „sterile" Art, einen Seeigel zu öffnen.

Was man isst, sind die sogenannten Gonaden (Keimdrüsen) im Inneren des Seeigels. Es sind üblicherweise fünf kleine orangefarbene Segmente, die mit einem Löffel herausgeschabt werden. Viel dran ist natürlich nicht an diesen kleinen Dingern, aber das hat ein sehr intensives Aroma. Es ist nicht mal eine echte Vorspeise, sondern eher etwas, das den Appetit in Gang bringt. Man kann das Fleisch mit Zitronensaft beträufeln, ich persönlich bevorzuge es pur und rein.

Bodenfresser

Seeigel kommen relativ häufig im Mittelmeer und entsprechend auf den Fischmärkten der Mittelmeerregion vor. In Frankreich heißen sie „oursin", und wo es die gibt, gibt es vermutlich auch eine andere seltsame Delikatesse namens „violets". Das sind in der Regel schlammige, verkrustet aussehende, faustgroße Klumpen, die man aufbricht, um an ihr gelbliches, rühreiähnliches Fleisch zu kommen. Schmecken ganz spaßig, aber gewöhnungsbedürftig.

Dazu passt: ein Chablis Premier Cru

㊆ Bouillabaisse

Dies ist eine legendäre mediterrane Fischsuppe aus Marseille. Sie schmeckt wie ein nahezu perfektes Destillat aller Aromen eines Sommerurlaubs an der Küste: frischer Fisch, sonnengereifte Tomaten, feinstes Olivenöl, exquisiter Fischfond und edler Safran, am besten zu genießen unter freiem Himmel im abendlichen Sonnenlicht mit einem großen, gut gekühlten Glas Rosé.

Das Geniale an Bouillabaisse sind die verschiedenen Texturen der verwendeten Fische. Manche sind markante, feste Schwergewichte, die in großen Stücken gegessen werden, andere sind kleine, zarte Fischchen, die beim Kochen zerfallen und die Sauce unterfüttern, in der sie pochiert wurden. Es gibt einen besonderen Trick bei der Zubereitung einer Bouillabaisse: Das Geheimnis liegt am Ende des Kochvorgangs. Dabei vereinen sich Öl und Wasser oder Wein zu jener magischen Sauce, die das Gericht so köstlich macht.

Obwohl ich eigentlich kein Freund von sklavisch zu befolgenden Rezepten und in Stein gemeißelten Zutatenlisten bin, muss ich hier ausnahmsweise einmal dafür eintreten. Ich muss Sie sogar bitten, das Gericht nur zu kochen, wenn Sie den richtigen Fisch finden. Ansonsten werden Sie sich nämlich fragen, warum, um Himmels willen, ich eigentlich so einen Wirbel mache.

Zutaten

Für 8 Personen als Hauptgericht

1 kg von mindestens 4 verschiedenen
festen, weißen Fischfilets, z. B. Red Snapper,
Wolfsbarsch, Aal oder Seeteufel, mit Haut,
entschuppt und gesäubert

100 ml Olivenöl

2 Zwiebeln, fein gehackt

1 Fenchel, fein gehackt

4 Knoblauchzehen, zerdrückt

1,2 kg gehackte Tomaten aus der Dose

1,5 l Fischfond

1 Prise Safranfäden

fein abgeriebene Schale von 1 Orange

1 Bouquet garni, gebunden aus
2 Thymianzweigen, 2 Petersilienstängeln und
2 Lorbeerblättern

500 g Miesmuscheln, gesäubert

500 g gekochte Garnelen, in der Schale

Salz und Pfeffer

Baguette und Rouille (siehe Seite 101),
zum Servieren

Zubereitung

Die Fischfilets vorsichtig entgräten, dann in mundgerechte Stücke schneiden. Das Olivenöl in einer sehr großen Pfanne oder einem breiten Topf mit Deckel erhitzen. Zwiebeln und Fenchel darin 15 Minuten sanft weich dünsten. Den Knoblauch zufügen und 2 Minuten mitgaren. Die Tomaten zufügen und 2 Minuten köcheln lassen. Fischfond, Safran, Orangenschale und Bouquet garni zufügen und zum Kochen bringen. Ohne Deckel 15 Minuten köcheln lassen.

Fischstücke, Muscheln und Garnelen zufügen und bei geschlossenem Deckel weitere 5–10 Minuten köcheln, bis sich die Muscheln geöffnet haben. Muscheln, die sich nicht geöffnet haben, aussortieren. Mit Salz und Pfeffer abschmecken.

Mit Baguette und Rouille servieren.

Dazu passt: ein
kräftiger Rosé aus dem
Languedoc

⑦⑥ Krebsfleischsoufflé

Das Soufflé gehört zu den großen kulinarischen Geschenken der Franzosen an die Welt – neben Poilan-Brot, Crème brûlée, Croissants und Juliette Binoche (okay, sie ist streng genommen kein kulinarisches Geschenk, aber was soll's?).

Meister des Soufflés war Antonin Carème, der Starkoch des 19. Jahrhunderts. Er war besessen von Soufflés. Das Wort selbst bedeutet „(auf-)geblasen", und entsprechend liegt der Reiz eines perfekten Soufflés in der Paarung aus himmlischer Leichtigkeit mit zartem Aroma. Krebsfleisch eignet sich deshalb fantastisch für Soufflés. Viele fürchten sich vor diesem Gericht, weil ein zusammengefallenes Soufflé weltweit als Sinnbild einer kulinarischen Katastrophe gilt. Aber eigentlich ist gar nichts dabei, solange Sie eine einfache Regel befolgen: DIE OFENTÜR NICHT ÖFFNEN!

Das Problem bei Soufflés ist, dass der komplexe Vorgang, durch den die Mischung aufgeht, sobald sie im Ofen ist, durch die kleinste Temperaturschwankung gestört werden kann. Aus diesem einfachen Grund sollte man DIE OFENTÜR NICHT ÖFFNEN!

Die Zutaten für dieses Soufflé sind eine Mehlschwitze aus Mehl und Butter, gemischt mit Eigelb und dem vorgekochten Krebsfleisch. Die Zubereitung ist keine Hexerei, solange Sie ruhig bleiben, die Anleitung im Rezept befolgen und DIE OFENTÜR NICHT ÖFFNEN!

Krebsevolution

Ich fand schon immer, dass Krebse (und Hummer) irgendwie aussehen wie Urzeitwesen. Das liegt wohl an ihrem Hautpanzer. Nun, vor Kurzem habe ich schließlich entdeckt, dass sie es tatsächlich sind. Krebse gab es schon in der Jurazeit. Heute existieren ungefähr 4500 Krebsarten, darunter solche, die schwimmen können, und andere, die einen Durchmesser von über 3 Metern erreichen.

Zutaten

Für 4 Personen als Hauptgericht

2 kleine Schalotten, 1 davon fein gehackt

1 Gewürznelke

270 ml Milch

6 schwarze Pfefferkörner

1 Lorbeerblatt

2 EL Butter, plus etwas mehr zum Einfetten

25 g Weizenmehl, plus etwas mehr
zum Bestäuben

4 Eier, getrennt

$1/2$ TL Cayennepfeffer

250 g gekochtes Krebsfleisch

grüner Salat und Krustenbrot, zum Servieren

Krebsinvasion

Mein schlimmstes Krebserlebnis hatte ich auf
der idyllischen thailändischen Insel Koh Nang Yuan,
als ich auf einen hübschen kleinen Berg wanderte.
Er war übersät mit Landkrebsen. Als wir näher
kamen, krabbelten sie unter ohrenbetäubendem
Panzergeklapper panisch umher. Es war irgendwie
absurd. Tausende dieser beängstigend großen
Krebse an Land zu sehen, wie sie auf dem Boden
rumirrten und sogar an Bäumen hochliefen. Wir
gönnten uns nur einen kurzen Ausblick von der
Bergspitze und sahen dann zu, dass wir schnell
wieder nach unten kamen, bevor die Krebse uns an
den Kragen konnten.

Zubereitung

Den Backofen auf 200 °C vorheizen. Die ganze
Schalotte mit der Gewürznelke spicken und mit Milch,
Pfefferkörnern und Lorbeerblatt in einem kleinen
Topf bis knapp unter den Siedepunkt erhitzen. Den
Topf vom Herd nehmen. Die Milch abkühlen lassen
und durch ein Haarsieb passieren.

Eine hohe, runde Auflaufform (1 l) mit Butter einfetten.
Mit Mehl ausstäuben; dabei die Form schwenken, bis
Boden und Seiten mit Mehl überzogen sind. Über-
schüssiges Mehl herausklopfen.

Die Butter bei schwacher Hitze in einem Topf zerlassen. Die gehackte Schalotte darin etwa 5 Minuten
weich dünsten. Das Mehl einstreuen und 3 Minuten
unter Rühren anschwitzen. Den Topf vom Herd nehmen und unter ständigem Rühren die Milch in einem
dünnen Strahl zugießen, damit die Sauce nicht klumpig wird. Eigelb und Cayennepfeffer mit einem
Schneebesen kräftig einarbeiten. Das Krebsfleisch
untermischen und die Masse nochmals erhitzen, aber
nicht kochen, dann in eine Schüssel füllen.

In einer zweiten Schüssel das Eiweiß steif schlagen
und in 4 Portionen vorsichtig unter die Krebsfleisch-
masse heben. Die Masse in die vorbereitete Form füllen
und 25–30 Minuten im Ofen goldbraun backen. Die
Ofentür während der ganzen Zeit nicht öffnen.

Das Soufflé auf Serviertellern anrichten und mit einem
grünen Salat und Krustenbrot sofort servieren.

Dazu passt: ein trockener Riesling

⑦⑦ Superleckere Knoblauchgarnelen

Manche Rezepte sind zu gut und zu einfach, um sie zu ändern. Dies ist eines davon. Früher habe ich nach neuen Zubereitungsarten für Garnelen gesucht und komplizierte Haute-Cuisine-Rezepte ausprobiert. Aber jedes Mal, wenn ich meinem alten, vertrauten Rezept untreu werde, kehre ich reumütig wieder zurück, fest davon überzeugt, dass es keine bessere Art gibt, Garnelen zu genießen.

Meine Art, Garnelen zu servieren, ist fast schon unverschämt simpel: Die gekochten Garnelen werden in einer großen Schüssel in die Tischmitte gestellt. Daneben kommt ein Korb mit reichlich Brot und etwas Butter, und jeder bekommt einen Teller, ein Messer und eine Serviette. Dann stecken Sie Ihre Hände in die Garnelenschüssel und fangen so schnell wie möglich an zu essen, bevor einer der anderen etwas davon merkt. Sie können natürlich auch auf jedem Teller ein paar Garnelen anrichten, aber eigentlich ist das schon fast ein bisschen viel für ein so einfaches Essen.

Je größer die Garnelen sind, desto mehr Fleisch pro Pfund ist dran, aber umso weniger Spaß hat man auch beim Pulen. Ich persönlich mag am liebsten die Garnelen, die kleine pinkfarbene Eier am Bauch haben. Die nage ich dann ab, als wäre es Kaviar. Und wenn die Garnelen zart genug sind, esse ich auch die Beinchen mit. Und wenn nach dem Essen genug Schalen übrig sind, können Sie damit eine Bisque (siehe Seite 100) zubereiten.

Dazu passt: ein eisgekühlter französischer Rosé aus Faugères

Zutaten

Für 4 Personen als einfaches Hauptgericht

160 g Butter

8 große Knoblauchzehen, fein gehackt

1 kg gekochte Garnelen, in der Schale

1 große Handvoll Petersilie, fein gehackt

Salz und Pfeffer

Krustenbrot, zum Servieren

Zubereitung

Die Butter in einer sehr großen Pfanne oder einem großen Topf bei schwacher Hitze zerlassen. Den Knoblauch darin 5 Minuten unter gelegentlichem Rühren sanft andünsten.

Wenn der Knoblauch aussieht, als ob er gleich bräunen würde, die Garnelen zufügen und unter Rühren mit der Knoblauchbutter überziehen. Die Hitze auf mittlere Stufe erhöhen und die Garnelen bei geschlossenem Deckel und gelegentlichem Rütteln der Pfanne 3 Minuten garen. Die Petersilie zugeben und weitere 2 Minuten garen. Großzügig salzen und pfeffern und die Garnelen in eine große Schüssel füllen.

Die Garnelen mit einer zweiten Schüssel für die Schalen mitten auf den Tisch stellen. Krustenbrot zum Aufstippen der Knoblauchbutter dazu reichen.

Gekochte Garnelen weiterverwerten

Wenn Sie pinkfarbene Garnelen kaufen, sind sie bereits gekocht. Leute machen oft den Fehler, sie ein zweites Mal zu garen, vor allem auf dem Grill, und das traurige Resultat ist eine kleine, gummiartige, schrumpelige Kugel mit einer knackigen, wohlschmeckenden, aber ziemlich nutzlosen Schale. Das möchten wir doch nicht, oder? Gekochte Garnelen dürfen nur kurz erwärmt werden. Tiefkühlgarnelen sollten zuvor vollständig aufgetaut und sorgfältig abgetropft werden.

Dieses Rezept verarbeitet gekochte Garnelen, funktioniert aber auch wunderbar mit rohen. Wenn Sie Garnelen kaufen, die schwarz oder fast durchsichtig sind, haben Sie rohe erwischt. Sie sollten vorsichtig und nicht zu stark gegart werden. Wie bei Hummer oder Krebs werden die Schalen beim Erhitzen rosa.

⑦⑧ Salat mit marinier- tem Thunfisch

Wenn Sie einmal ein richtig tolles Stück Thunfisch (oder Lachs) ergattern, sollten Sie genau diesen Salat daraus machen. Die natürlichen Fischaromen werden durch die einfache Marinade wunderbar hervorgehoben. Der Thunfisch wird roh gegessen, stellen Sie also sicher, dass er Sushi-Qualität hat. Der Salat ist leicht zuzubereiten, aber um die gesamte Geschmackspalette zu erleben, müssen Sie noch ein paar Zutaten wie Kombu-Algen und Bonito-Flocken im Asialaden besorgen.

Sie werden vielleicht schon festgestellt haben, dass dieses Buch – wie alle „Die besten Rezepte der Welt"-Kochbücher – kaum mit neuen Rezeptkreationen aufwartet, sondern eine Art Enzyklopädie der besten Gerichte ist, die über Tausende von Jahren von den Köchen dieser Welt ausprobiert wurden. Und tatsächlich wird kein Kochbuchautor, der bei Verstand ist, je behaupten, die Rezepte stammten von ihm. Dieses Rezept hingegen ist meine ganz persönliche Erfindung. Falls Sie irgendwo schon etwas Ähnliches gefunden haben, schreiben Sie mir, und ich lasse meine Anwälte los.

Der beste Ort der Welt, um Thunfisch zu kaufen, ist der Tsukiji-Fischmarkt in Tokio. Wer nicht dazugehört, hat allerdings nicht viel Spaß. Immerhin gelang es mir einmal (halb illegal über einen „Zwischenhändler"), dort ein fantastisches Thunfischstück zu erstehen, und ich beschloss, ein Gericht für die größten Thunfischexperten der Welt zu kreieren: die Fahrer, die den Thunfisch in lustigen, kesselförmigen Gefährten über den Markt kutschieren. Ich stellte meinen kleinen Gasbrenner am Flussufer auf, braute meine Marinade und ließ die ruppigen Fahrer probieren. Sie waren alle ein bisschen überrascht, als ich ihnen kleine Thunfischportionen anbot, aber schließlich meinten alle „oishi", also „köstlich". Puh!

Dazu passt: ein blumiger Grauburgunder oder Gewürztraminer

Zutaten

Für 4 Personen als großzügige Vorspeise oder
mit Sushi-Reis als Hauptgericht

500 g frischer Thunfisch oder Lachs

2 EL Reisessig

1 EL Sake

$^1/_2$ EL Zucker

1 TL Sojasauce

1 Stück getrocknete Kombu-Alge
(10 cm x 15 cm)

1 EL Mirin (nach Belieben)

1 EL Bonito-Flocken (nach Belieben)

250 g zarte, kleine Salatblätter,
z. B. Erbsensprossen, Rucola oder
Brunnenkresse

Krustenbrot, zum Servieren

Die fünfte Geschmacksrichtung

Neben den allgemein bekannten Geschmacksrichtungen (salzig, süß, bitter, sauer) gibt es eine
fünfte: umami. Es ist schon komisch, dass noch
niemand ein wirklich treffendes deutsches Wort
dafür gefunden hat. Bis dahin müssen wir uns wohl
mit „geschmacksreich" oder so behelfen. Es ist
der Geschmack des natürlichen Glutamats, das
in Lebensmitteln wie Parmesan, Brathähnchen und
vollreifen Tomaten in größeren Mengen enthalten
ist. Die höchste Konzentration aber findet man in
Kombu-Algen. Für mein Rezept verwende ich Kombu
und Bonito-Flocken, um die Thunfischaromen auf
natürliche Weise zu betonen, und es schmeckt!

Zubereitung

Den Fisch in 2,5 cm große Würfel schneiden und in
einer Schüssel beiseitestellen.

Alle anderen Zutaten außer den Salatblättern in einem
kleinen Topf bei schwacher Hitze verrühren, bis sich
der Zucker aufgelöst hat. Den Topf vom Herd nehmen
und die Marinade 10 Minuten ziehen lassen. Durch ein
Haarsieb in eine Schüssel passieren. Die Fischwürfel
darin wenden und abgedeckt bei Zimmertemperatur
10–20 Minuten marinieren.

Die Salatblätter auf Serviertellern verteilen. Die
Fischwürfel aus der Marinade nehmen und auf dem
Salatbett anrichten. Mit etwas Marinade beträufeln und
sofort mit Krustenbrot servieren.

⑲ Gegrillte Kräuter-sardinen mit Zitrone

Was sind Sardinen?

Rund um den Erdball werden ganz verschiedene Arten von Fischen als Sardinen bezeichnet. Sardinen (die bis zu 27 cm lang werden können) und ihre kleineren, entfernten Verwandten, die Sardellen (bis zu 20 cm), zählen wie Heringe zu den sogenannten Fettfischen. All diese Fische lassen sich durch den hohen Fettanteil in ihrem Fleisch hervorragend konservieren. Selbst die klassischen Sardinen aus der Dose, die als billige Eiweißquelle gelten, sind noch sehr aromatisch und schmecken, zerdrückt und auf eine Scheibe Brot gestrichen, einfach wunderbar. Wie bei Thunfischkonserven gibt es auch bei Dosensardinen Sorten, die als echte Delikatesse gelten und richtig teuer gehandelt werden.

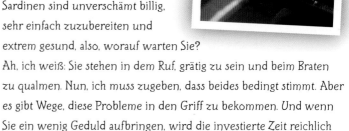

Diese wunderbaren Fischlein sind ein echter Sommerklassiker. Sie erinnern mich immer an Essen im Freien beim Strandurlaub. Sie haben so ein tolles, volles und, ja, fischiges Aroma, dass ihr Duft mein Herz jedes Mal mit Sonnenschein erfüllt.

Sardinen sind unverschämt billig, sehr einfach zuzubereiten und extrem gesund, also, worauf warten Sie? Ah, ich weiß: Sie stehen in dem Ruf, grätig zu sein und beim Braten zu qualmen. Nun, ich muss zugeben, dass beides bedingt stimmt. Aber es gibt Wege, diese Probleme in den Griff zu bekommen. Und wenn Sie ein wenig Geduld aufbringen, wird die investierte Zeit reichlich belohnt.

Das Problem mit den Gräten lässt sich durch die richtige Auswahl der Fische lösen: Kaufen Sie entweder kleine oder ganz große Sardinen – bei beiden ist die Knochenstruktur einfacher – oder Sardinenfilets.

Und die Sache mit dem Qualmen? Nun, damit die Haut nicht anbrennt, bevor der Fisch durchgegart ist, sollten Sie vermeiden, die Sardinen direkt aus dem Kühlschrank unter den Grill zu schieben. Stellen Sie Ihre Dunstabzugshaube auf volle Kraft. Und behalten Sie die Fische beim Grillen genau im Auge. Die Haut sollte dunkel gebräunt, aber nicht schwarz und verbrannt sein. Am besten ist, Sie grillen die Fische einfach gleich unter freiem Himmel.

Zutaten

Für 4 Personen als leichte Mahlzeit

8 Sardinen, gesäubert und entschuppt
Olivenöl, zum Bestreichen
8 kleine Rosmarinzweige
Salz und Pfeffer
Zitronenspalten und Baguette,
zum Servieren

Zubereitung

Den Backofengrill vorheizen. Die Sardinen mit Öl bestreichen. Je einen Rosmarinzweig in die Bauchöffnung der Sardinen geben und mit etwas Salz bestreuen. Falls Sie ein Fischgrillgitter haben, den Fisch darin grillen.

Unter dem vorgeheizten Grill 2–3 Minuten von jeder Seite garen, bis die Haut leicht gebräunt ist (Vorsicht, nicht zu lange grillen, sonst wird das Fleisch übergart und trocken). Aus dem Ofen nehmen und mit Salz und Pfeffer würzen.

Auf vorgewärmten Serviertellern mit Zitronenspalten und Brot servieren.

Dazu passt: ein frischer Sauvignon Blanc

80 Peters-fisch mit Fenchel

Der Petersfisch sieht wirklich eigenartig aus (okay, nennen wir das Kind beim Namen: Er ist potthässlich!). Er ist dünn und stachelig mit einem riesigen, hochgezogenen, hervorstehenden Maul, das aussieht wie ein wackeliges Holzgerüst. Er ist ein Einzelgänger ohne Freunde und obendrein noch ein schlechter Schwimmer. Aber wenn er liebevoll gebraten wird, ist er ein köstlicher Fisch mit festem und sehr aromatischem Fleisch. Oft schmecken die unansehnlichsten und merkwürdigsten Nahrungsmittel eben am besten (siehe Rohrratte, Seite 160).

Ich serviere gern ganzen Fisch direkt aus dem Ofen, ohne ihn groß zu filetieren oder zu garnieren. Ich stelle ihn dann mitten auf den Tisch, und jeder taucht mit Messer und Gabel hinein und nimmt sich. Dann wird der Fisch gewendet, und das Spiel beginnt von Neuem. Aber auch weniger rustikale Serviermethoden sind zulässig (etwa für die Zartbesaiteten, die leiden, wenn sie einen ganzen Fischkopf sehen, die guten Seelen!). Der Petersfisch hat eine klare und feste Grätenstruktur, sodass er sich ohne viel Gefledder filetieren lässt. Sie brauchen allerdings einen ziemlich großen Fisch, denn Kopf und Innereien machen bereits 60 Prozent des Körpergewichts aus. Garen Sie den Fisch ganz und bewahren Sie die Reste auf, um sie zu einem hervorragenden Fischfond zu verarbeiten. Den können Sie für einen anderen Anlass einfrieren. Bei kleineren Fischen sollten Sie einen Fisch pro Person rechnen.

Übrigens funktioniert diese Zubereitungsart mit fast jedem ganzen Fisch, z. B. Lachs, Forelle, Makrele oder Wolfsbarsch. Sie werden in Zukunft viel Alufolie brauchen!

Zutaten

Für 4 Personen als Hauptgericht

1 Petersfisch (etwa 2 kg), gesäubert,
mit Gräten

Salz und Pfeffer

4 Knoblauchzehen, grob gehackt

4 Lorbeerblätter

2 frische Thymianzweige

1 Handvoll frische Petersilie

1 großer Fenchel, in Scheiben,
Fenchelgrün aufbewahrt

2 Zitronen, in Scheiben

5 EL Butter, in feinen Scheiben, plus etwas
mehr zum Einfetten

100 ml Weißwein

Salzkartoffeln und gedämpftes Gemüse,
zum Servieren

Biblischer Fisch

Der Petersfisch hat einen dunklen Fleck
auf den Flanken. Der sieht ein bisschen wie
ein großes Auge aus und soll Fressfeinde
abschrecken. Einer französischen
Legende zufolge ist der dunkle Fleck
der Fingerabdruck des heiligen Petrus,
der zurückblieb, als der Hüter der
Himmelspforte Jesus einen solchen Fisch
brachte.

Zubereitung

Den Backofen auf 190 °C vorheizen. Den Fisch abspülen
und innen wie außen trocken tupfen. Mit Salz und Pfeffer
würzen, dann 2 Knoblauchzehen, 2 Lorbeerblätter,
ein Drittel der Kräuter und 6 Zitronenscheiben in den
Bauchraum geben.

Zwei große Stücke Alufolie aufeinanderlegen (sie sollten
lang genug sein, um den Fisch zweimal darin einzuschlagen) und mit Butter einfetten, damit der Fisch nicht
daran kleben bleibt. Die Ränder etwas einschlagen, damit
die Zutaten nicht auslaufen. Die Hälfte der restlichen
Kräuter, Zitronen-, Fenchel- und Butterscheiben auf die
Alufolie geben und den Fisch darauflegen. Die restlichen
Kräuter, Zitrone, Fenchel und Butter darauf verteilen. Mit
dem Wein begießen. Salzen und pfeffern.

Den Fisch locker in die Folie einschlagen und das Päckchen in einer Bratform 30–40 im Ofen Minuten garen.

Die Alufolie erst am Tisch öffnen (Achtung, heißer Dampf!)
und den Fisch mit Salzkartoffeln und Gemüse servieren.
Alle können sich selbst bedienen, das Fleisch löst sich
leicht von den Gräten (Bäckchen nicht vergessen). Dann
den Fisch wenden und weiteressen.

Dazu passt:
ein weißer
Burgunder
Saint-Véran

9. Frisch vom Feld

Frisch vom Feld

Mal ehrlich: Vegetarische Gerichte hatten in den letzten Jahrzehnten einen schweren Stand. Ihnen haftete immer der Beigeschmack des Faden, Langweiligen, Körnigen an. Alle Versuche einer Neudefinition, all die Hochglanzkochbücher und die Werbung durch Promis schienen irgendwie nur zu bestätigen, dass vegetarisches Essen ziemlich uncool sei.

Selbst mein Lieblingsdichter Andrew Marvell hat bereits Mitte des 16. Jahrhunderts in seinem berühmtesten Gedicht „An seine spröde Herrin" zum Schlag gegen Grünzeug ausgeholt: „Meine Liebe würde, einer Pflanze gleich, so langsam wachsen wie ein Kaiserreich." Er drückt sich gern ein bisschen umständlich aus, der gute Andy, deshalb werde ich das mal erläutern: Marvell wirft der Pflanzenwelt vor, total unsexy zu sein.

Das alles scheint sich gerade allerdings zu ändern, und das liegt zum Teil sicher an der enormen Popularität, die Fleisch in den letzten Jahren genossen hat. Es hat sich quasi seine eigene Grube voller Fleischfresser gegraben. Für alle, die in letzter Zeit nicht zum Zeitunglesen gekommen sind, fasse ich die Entwicklung gern kurz zusammen: Wir stecken in einer Ernährungskrise, und global betrachtet wird Fleisch tatsächlich knapp.

Das Dumme ist, dass ein großer Teil des weltweit angebauten Getreides als Tierfutter verwendet wird, was bis jetzt ganz gut funktionierte. Große Umwälzungen stehen bevor, denn aufstrebende Staaten wie Indien und China haben ihre Lust auf Fleisch entdeckt und jetzt auch das Geld, es zu kaufen. Ein Wandel in den Essgewohnheiten hört sich nicht dramatisch an, aber wenn wir von einer Gruppe von insgesamt 2,5 Milliarden Menschen und 37 Prozent der Weltbevölkerung sprechen, sind das beachtliche Dimensionen.

Das Futter für die Tiermast wird auf einer relativ konstanten Gesamtfläche angebaut. Wenn die Nachfrage nach Tierfutter nun steigt, passieren zwei Dinge. Erstens: Auf Land, das traditionell für den Anbau menschlicher Nahrung genutzt wurde, wird plötzlich Viehfutter gezogen. Das verändert den Markt und verursacht Probleme auf der ganzen Welt. Zweitens: Aufgrund der steigenden Nachfrage und der Verschiebung auf dem Markt steigen die Preise sowohl für Fleisch als auch für pflanzliche Nahrungsmittel.

Im Bewusstsein um die negativen Folgen des steigenden Fleischkonsums, geschürt durch den Umstand, dass Fleisch immer teurer wird, steigt das Ansehen vegetarischer Kost deutlich. Essgewohnheiten ändern sich selbstverständlich nicht von heute auf morgen, aber zurück können wir auch nicht mehr. Deshalb sollten wir, anstatt zu jammern, entschlossen handeln. Die Zeit ist reif, eine alternative Form des Essens neu- oder zumindest wiederzuentdecken.

Die folgenden zehn Gemüsegerichte sind rassig und richtig lecker und zum Teil sogar interaktiv. Die *Tapenade* ist eine einfache, bodenständige, geniale Geschichte. Wenn ich einen Küchenchef oder Kochbuchautor zum Essen eingeladen habe, schicke ich gern meine handgemachte *Pizza* ins Rennen – hauptsächlich weil meine Gäste die kreative Verantwortung dann selbst tragen und ich Zeit habe, mich in Ruhe um den Wein zu kümmern. Das *Ratatouille* sollte eine Offenbarung für alle sein, die dieses Gericht als Kind in den 1970er-Jahren gehasst haben. Die *Tom-Yam-Suppe* und die *Artischocken* räumen hoffentlich endgültig mit den Vorurteilen gegen die vegetarische Küche auf. Nur gesund und langweilig? Verdammt sexy!

⑧¹ Tapenade

Tapenade ist eine einfache, kräftige und ziemlich vielseitige Oliven-
paste. Sie schmeckt großartig auf frischem Brot, macht sich aber
auch gut als Dressing für grüne Bohnen und Salzkartoffeln oder als
pestoartige Pastasauce. Am liebsten aber mag ich sie als Dip für Rohkost
anstelle der ewigen Aioli, und auch mit hart gekochten Eiern ist sie ein
Gedicht. Meine Töchter schlecken sie am liebsten mit den Fingern aus dem Glas, was ich total süß finde,
von Oma Gates aber mit einem strengen Blick quittiert wird.

Das Gericht – falls man etwas so Einfaches wie dies als Gericht bezeichnen kann – stammt aus der
Provence, und sein Name leitet sich ab von „tapeno", dem provenzalischen Wort für „Kaper". Tapenade
hat einen robusten, erdigen Geschmack, und Sie können ohne Bedenken Ihre Lieblingskräuter
dazugeben, ohne die Balance zu stören. Ich mag sie gern mit viel frischem Thymian. Aber den würde
ich ja am liebsten überall hineintun, und oft beschwert sich meine Frau über das Gestrüpp, das ihr den
Spaß am Essen verleidet. Wahrscheinlich hat sie recht.

Für Tapenade können Sie jede Art von Oliven verwenden. Ich mag die großen, dunklen Kalamatas am
liebsten, weil sie so fleischig sind und sich so leicht entsteinen lassen. Provenzalische Lucques-Oliven
sind super für eine grüne Tapenade, allerdings ganz schön teuer.

Oliven

Oliven aus dem Mittelmeerraum sind am schönsten, wenn sie im späten November gepflückt
werden. Am liebsten ist mir eine Mischung aus grünen und tiefvioletten. Leider kann man sie
nicht direkt vom Baum essen, denn Oliven enthalten ein Glukosid, das sie roh scheußlich bitter
macht. Ich bereite sie folgendermaßen zu: waschen, jede Olive einritzen und sie dann drei
Monate in eine ordentliche Salzlake einlegen. Die Lake konserviert die Oliven, unterstützt
aber auch die Fermentation, bei der der Zucker in Milchsäure umgewandelt wird. So werden
sie richtig lecker. Die Lake muss alle vier Wochen gewechselt und die Oliven immer mit etwas
beschwert werden, damit sie immer mit Lake bedeckt sind. Oh, und verschließen Sie die Gläser
nicht luftdicht, damit die Gärungsgase sie nicht zum Platzen bringen.

Dazu passt: ein starkes
belgisches Trappistenbier

Bagna cauda

Das heißt wörtlich übersetzt „heißes Bad"
und ist der Name einer Spezialität aus dem
italienischen Piemont. Was den kräftigen,
knoblauchigen Geschmack angeht, ist sie
vergleichbar mit Tapenade. Bagna cauda ist
eine Knoblauch-Sardellen-Paste, die warm
serviert wird. Dazu werden in Milch pochierte
Knoblauchzehen mit Sardellen, Sahne, Butter
und Olivenöl gemixt. Die Paste dient als Dip
für Rohkost wie Paprika, Gurken, Karotten,
Fenchel und Sellerie.

Zutaten

Für 8 Personen als Vorspeise

400 g Oliven, entsteint

2 EL Kapern

2 TL Dijon-Senf

Saft von $1/2$ Zitrone

1 Knoblauchzehe, fein gehackt

12 eingelegte Sardellenfilets, abgetropft und
zum Entsalzen in Wasser eingelegt

1 Handvoll frische Petersilie

2 EL frischer Thymian, gehackt
(nach Belieben)

160 ml natives Olivenöl extra

Salz und Pfeffer

Baguette- oder Ciabattascheiben und Rohkost,
zum Servieren

Zubereitung

Außer Salz und Pfeffer alle Zutaten in den Mixer
geben und zu einer nicht allzu feinen Paste verarbeiten. Einzelne kleine Olivenstückchen sollten noch
erkennbar sein.

Mit Salz und Pfeffer abschmecken. Denken Sie aber
daran, dass in Kapern, Oliven und Sardellen schon
reichlich Salz steckt.

In Schalen füllen und mit Brot und Rohkost
servieren.

⑧② Risotto Primavera

Dies ist die perfekte Verbindung gegensätzlicher
Texturen: Der samtig-cremige Risotto trifft auf saison-
frisches, knackiges Frühlingsgemüse. Der Schlüssel zu
einem gelungenen Risotto ist Geduld, Rühren und noch
mehr Geduld.

Natürlich empfiehlt sich dieses Gericht besonders im
Frühjahr, wenn das Gemüse jung, zart und knackig
ist. Ich weiß, dass viele Kochbuchautoren sehr großen
Wert auf Saisonfrische legen, und prinzipiell stimme ich
auch zu. Aber es wäre doch ein bisschen zu hart, dieses
Gericht nur im Frühling kochen zu dürfen. Tatsächlich
gibt es auch Gemüse, z. B. Erbsen, das als Tiefkühlware
eindeutig besser schmeckt, weil es unmittelbar nach der
Ernte gefroren wird und der Zucker sich nicht in Stärke
umwandeln kann.

Zutaten

Für 4 Personen als üppiges Hauptgericht

200 g grüner Spargel

1 Zucchini

200 g grüne Bohnen

260 g Erbsen

2 EL Olivenöl

1 große Zwiebel, fein gehackt

250 g Risottoreis

720 ml warme Hühnerbrühe

3¹/₂ EL Wermut oder Weißwein

1 Handvoll gehackte Petersilie

1 EL frische Thymianblätter

5 EL Butter

125 g frisch geriebener Parmesan, plus etwas
mehr zum Garnieren

Salz und Pfeffer

Anderes Gemüse

Für diesen Risotto können Sie anstelle der aufgelisteten Gemüsesorten auch Spinat, Artischocken, dicke Bohnen und Brokkoli verwenden. Geben Sie das Gemüse einfach gegen Ende der Reis-Garzeit hinzu (1 Minute für Spinat, 3 Minuten für Brokkoli und Co.).

Zubereitung

Den Spargel putzen und in mundgerechte Stücke schneiden. Die Zucchini diagonal in fingerdicke Scheiben schneiden. Die Bohnen putzen.

Das Gemüse in einem großen Topf mit leicht gesalzenem köchelndem Wasser 1 Minute blanchieren. Abtropfen lassen.

Olivenöl in einem großen Topf bei mittlerer Stufe erhitzen. Die Zwiebel darin 10 Minuten dünsten. Den Reis zugeben und 2 Minuten unter Rühren anrösten. Die Hitze reduzieren. Eine Kelle Brühe zugießen und rühren, bis die Reiskörner die Flüssigkeit aufgesogen haben. Auf diese Weise die Brühe einarbeiten, bis der Reis gar ist, aber noch einen bissfesten Kern hat. (Vielleicht brauchen Sie etwas mehr oder weniger Brühe als angegeben.) Mit der letzten Kelle Brühe Wermut und Kräuter zufügen und 5 Minuten garen.

Butter, Käse und Gemüse unterheben. Mit Salz und Pfeffer abschmecken und unter vorsichtigem Rühren erhitzen. Den Risotto in vorgewärmte Servierschalen füllen. Mit Parmesan bestreuen und sofort servieren.

Die Geschichte des Risotto

Mitte des 19. Jahrhunderts wurde ein Risottorezept erstmals in einem Buch veröffentlicht, verfasst vom ersten italienischen Kochbuchautor und Starkoch Pellegrino Artusi. Das Gericht — die italienische Version von Paella oder Pilaw — stammt aus den Reisanbaugebieten im Norden Italiens. Der verwendete Reis ist eine von mehreren sehr speziellen mittel- oder langkörnigen Sorten. Bevor er immer weiter verfeinert wurde, galt Risotto als einfaches Bauerngericht. Bis heute haben Köche schon mit allerlei Zutaten experimentiert, auch mit Früchten. Mein Favorit neben Risotto Primavera ist Risotto mit gebratenem Kürbis.

Dazu passt: ein weißer Trebbiano oder, falls Sie Frühlingsgefühle haben, ein prickelnder Prosecco

(83) Artischocken mit Zitronen-Thymian-Butter

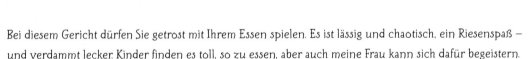

Bei diesem Gericht dürfen Sie getrost mit Ihrem Essen spielen. Es ist lässig und chaotisch, ein Riesenspaß – und verdammt lecker. Kinder finden es toll, so zu essen, aber auch meine Frau kann sich dafür begeistern.

In Restaurantküchen werden in der Regel nur die zarten Artischockenböden verwertet, die Blätter werden alle weggeschnitten. Das ist pure Verschwendung und jammerschade, weil man um das ganze leckere Fruchtfleisch in den Blättern gebracht wird.

So isst man eine ganze Artischocke

Wenn die Artischocke so weit abgekühlt ist, dass sie angefasst werden kann, mit dem Boden nach unten in einen tiefen Teller setzen. Die Blätter nun reihum abzupfen, das untere Ende des Blatts mit dem weichen, zarten Fleisch in die Butter tunken und auszuzeln. Danach wird das Blatt weggeworfen. So fortfahren, bis die Blätter um das Herz herum zu klein werden, um ausgesaugt zu werden. Jetzt fängt der Spaß erst richtig an. Alle restlichen Blätter herausziehen und das sogenannte Heu mit einem Löffel oder Messer vorsichtig vom Artischockenboden schaben. Der Boden ist das Prunkstück der Artischocke. Er wird in Stücke geschnitten und in die restliche Butter gedippt.

Zutaten

Für 4 Personen

2 Zitronen

2 große Artischocken

440 g Butter, plus 2 EL

2 EL frische Thymianblätter

Schale und Saft von 1 Zitrone

Salz und Pfeffer

Krustenbrot, zum Servieren

Artischockenkunde

Dieses attraktive Gemüse wächst in Beeten. Eine Artischocke braucht zwar eine Menge Platz und kann sehr groß werden, entwickelt aber auch viele Blütenstände, die vor der Blüte als Gemüse geerntet werden. Artischocken sehen ein bisschen aus wie überdimensionale Disteln. Kein Wunder, denn genau das sind sie. Mit den Erdartischocken sind sie interessanterweise nicht verwandt, dafür aber mit Sonnenblumen. Sie schmecken süß und nussig und stehen in dem (berechtigten) Ruf, Blähungen zu verursachen. Deshalb serviere ich sie meinen Freunden umso lieber.

Zubereitung

Einen großen, breiten Topf zur Hälfte mit kaltem Wasser füllen. Die Zitronen halbieren, den Saft in das Wasser pressen. Die ausgepressten Schalen ebenfalls hineingeben. Die Artischockenstiele am Bodenansatz abschneiden. Die Artischocken „skalpieren", indem man die oberen 2,5 cm abschneidet. Ins Wasser geben, und das Wasser bei geschlossenem Deckel zum Kochen bringen. Wenn es kocht, brauchen die Artischocken 20–30 Minuten, je nach Frische und Größe. Sie sind gar, wenn sich die äußeren Blätter ganz einfach abziehen lassen.

Die Artischocken zum Abtropfen auf den Kopf stellen und 15 Minuten abkühlen lassen. Währenddessen für die Zitronen-Thymian-Butter die Butter in einem kleinen Topf zerlassen. Thymian, Zitronenschale und -saft unterrühren. Salzen und pfeffern.

Die Artischocken in eine flache Schale setzen. Mit Salz und Pfeffer bestreuen. Die Butter in kleine Schalen füllen. Eine große Schüssel für die ausgesaugten Blätter in die Tischmitte stellen. Mit Brot zum Aufstippen der Butter servieren.

Dazu passt: ein weißer Sancerre

⑧④ Ratatouille

Richtig zubereitet verkörpert Ratatouille den ganzen wunderbaren Reichtum der Felder, in den falschen Händen hingegen wird es zum Verbrechen. Als ich Kind war, war der Ratatouille-Missbrauch weit verbreitet. Gerichte rund um den Erdball wurden systematisch zerstört durch einen undefinierbaren Gemüsepamp auf dem Teller. An einem Punkt in meinem Leben stellte mich dieser Matsch sogar vor ein moralisches Dilemma, nämlich als ich ernsthaft darüber nachdachte, Vegetarier zu werden. Die grauenvolle Vorstellung eines Breis aus Tomaten und glitschigen Zucchini, der sich über wehrlosen Couscous verteilt, bewahrte mich (Gott sei Dank) davor.

Wiedergutmachung erfuhr Ratatouille völlig unerwartet aus Hollywood. Falls Sie den Film *Ratatouille* noch nicht kennen: Eine Ratte mit ungewöhnlich feinem Geruchssinn übernimmt die Führung einer Sterneküche. Für das wichtigste Essen ihres Lebens kocht sie das bescheidene Gericht des Filmtitels und erweicht damit das Herz des gnadenlosesten Restaurantkritikers der Welt. Der Film brachte das Gericht nicht nur wieder in unser Bewusstsein, er behauptete auch, dass Ratatouille schmecken kann, wenn man nur will.

Also, was ist denn nun Ratatouille? Es ist ein Ragout aus Zwiebeln, Tomaten, Auberginen, Zucchini und Paprika, die alle zunächst getrennt gegart und dann in Olivenöl gebraten werden, um ihre wunderbaren Aromen zu intensivieren. Am besten schmeckt es tatsächlich, wenn es einen Tag im Voraus gekocht und auf Zimmertemperatur oder lauwarm serviert wird.

Zutaten

Für 4 Personen als einfaches Lunch

3 rote Paprika

200 ml Olivenöl

1 Zucchini, in dicken Scheiben

1 Fenchel, grob gehackt

2 große rote Zwiebeln, in dicken Scheiben

3 weiße Zwiebeln, in dicken Scheiben

2 große Auberginen, in dicken Scheiben

600 g vollreife Tomaten, blanchiert, Haut abgezogen, entstielt und entkernt

1 gehäufter EL frische Thymianblätter

1 gehäufter EL Rosmarinnadeln

1 TL Zucker

Salz und Pfeffer

Krustenbrot und Butter, zum Servieren

Dazu passt ein schöner barriqueausgebauter Chardonnay

Zubereitung

Den Backofengrill vorheizen. Die Paprika auf den Rost legen und unter Wenden grillen, bis die Haut rundum schwarz ist. Die Paprika in eine Schüssel geben und mit Frischhaltefolie bedeckt 10 Minuten schwitzen lassen. Dann die Haut unter fließendem Wasser abziehen. Die Paprika halbieren und entkernen. Das Fleisch in große Stücke schneiden.

Währenddessen einen großen, schweren Topf bei mittlerer Hitze auf den Herd setzen. Die Hälfte des Öls erhitzen und die Zucchini darin anbraten, bis sie zu bräunen beginnen. In eine große Bratform geben und warm halten. Fenchel und Zwiebeln in den Topf geben und 15–20 Minuten weich dünsten. Zu den Zucchini geben. Auberginen mit etwas mehr Öl (sie saugen viel Öl auf) in den Topf geben und braten, bis sie bräunen. In einer Schicht auf dem Gemüse in der Bratform verteilen.

Den Backofen auf 190 °C vorheizen. Tomaten, Paprika, Thymian und Rosmarin gleichmäßig auf dem Gemüse in der Form verteilen. Mit Zucker bestreuen und das Gemüse vorsichtig mischen. Das Gemüse sollte in der Form nur eine Lage bilden. Falls zu wenig Platz ist, eine zweite Form verwenden. Mit Salz und Pfeffer würzen, mit Olivenöl beträufeln und im vorgeheizten Ofen 40–50 Minuten garen, bis das Gemüse zu bräunen beginnt.

Über Nacht kalt stellen oder sofort mit Krustenbrot und Butter servieren.

⑧⑤ Kürbis-Knoblauch-Suppe

Dies ist eine klassisch, rustikale, sehr aromatische Suppe. Im Sommer kann man sie etwas dünnflüssiger zubereiten, im Winter schmeckt sie, wie ich finde, besser, wenn sie nur mit der Hälfte der Brühe gekocht und dadurch so dick wird, dass der Löffel fast darin stehen bleibt.

Kürbis ist ein erstaunliches Gemüse. Er enthält so viel Zucker, dass er manchmal auch als Fruchtersatz durchgeht. Wenn Knoblauch und Kürbis sanft im Ofen gebraten werden, karamellisiert der in beiden vorhandene Zucker und erzeugt ein volles, weiches Aroma. Aber während der Knoblauch beim Braten milder wird, intensiviert sich das Aroma des Kürbisses, und zwar so heftig, dass Kürbis in manchen Rezepten als Ersatz für Wurst oder Speck verwendet wird.

Kürbisschüsseln

In der Kürbissaison, wenn das Angebot reich und günstig ist, kann man durchaus ein paar zusätzliche kleine Kürbisse kaufen, um sie als Suppenschalen zu verwenden. Dazu eine kleine Scheibe vom Boden abschneiden, damit der Kürbis einen guten Stand hat. Dann oben einen kleinen Deckel aufschneiden. Die Kerne entfernen und die Suppe einfüllen. Das Fruchtfleisch können Sie entweder vorher herausschaben und im Rezept gleich mit verarbeiten. Oder Sie bewahren die Kürbisschalen auf und braten sie nach Gebrauch. Das gebratene Fruchtfleisch hält sich im Kühlschrank und kann für Salate und Saucen verwendet oder für einen späteren Gebrauch eingefroren werden.

Was tun mit gebratenem Kürbis?

Hacken Sie das Fruchtfleisch klein und geben Sie es vermengt mit saurer Sahne, frischem Thymian, etwas gehackter Chili und reichlich gutem Olivenöl als Sauce über Pasta. Es schmeckt auch fantastisch in Salaten, sowohl in Gemüsesalaten wie Kartoffel- oder Beetesalat als auch in leichten Blattsalaten. Auch ein tolles Chutney lässt sich daraus machen. Und was fängt man mit den Kernen an? Mir egal! Man könnte sie rösten und in so viel Salz wenden, bis sie wie geröstete Mandeln für Arme schmecken.

Zubereitung

Den Backofen auf 190 °C vorheizen. Zwei Stücke Alufolie vorbereiten, die groß genug sind, um die Knoblauchknollen vollständig einzuwickeln. Die Knollen daraufsetzen und über jede $^1/_2$ Esslöffel Olivenöl gießen. Salzen und pfeffern. Die Knollen einwickeln und in eine große Bratform geben. Den Kürbis schälen, in große Stücke schneiden und im restlichen Olivenöl, etwas Salz und Pfeffer sowie der Hälfte des Thymians wenden. In einer Schicht in der Bratform verteilen und im Ofen 1 Stunde braten.

Währenddessen einen großen, schweren Topf bei mittlerer Hitze auf den Herd setzen. Die Butter zerlassen und die Zwiebel darin unter gelegentlichem Rühren weich dünsten. Das Mehl einstreuen und 2 Minuten anschwitzen. Die Brühe, zunächst jeweils ein paar Löffel, dann den Rest, einrühren.

Wenn der Kürbis gebräunt ist, aus dem Ofen nehmen, in die Brühe geben und zum Kochen bringen, dann 10 Minuten köcheln lassen. Den Knoblauch auspacken und abkühlen lassen. Wenn er angefasst werden kann, in Zehen zerteilen. Die Zehen auf ein Schneidebrett legen und den weichen Knoblauch aus den Schalen drücken.

Die Suppe vom Herd nehmen und in kleinen Portionen zusammen mit dem Knoblauch und dem restlichen Thymian im Mixer pürieren.

In vorgewärmte Suppenschalen füllen, jede Portion mit einem Löffel saure Sahne garnieren und etwas Olivenöl beträufeln. Sofort servieren.

Dazu passt: ein würziger Pinot Noir

Zutaten

Für 6 Personen als Mittagessen oder kräftige Vorspeise

2 Knoblauchknollen

4 EL Olivenöl, plus etwas mehr zum Beträufeln

Salz und Pfeffer

1 kg Hokkaido- oder Butternut-Kürbis

2 EL frische Thymianblätter

2 EL Butter

1 große Zwiebel, fein gehackt

1 EL Weizenmehl

1,25 l Hühnerbrühe

100 g saure Sahne

⑧⑥ Gazpacho

Diese legendäre, kalte Suppe aus Spanien ist
der Rettungsanker vieler Gourmets – eine
Art, der sengenden iberischen Mittagshitze zu
entkommen und gleichzeitig ein Mittagessen
einzunehmen. Sie ist die Essenz aller
spanischen Salate und zugleich eine
köstlich frische, pikante Suppe.

Kalte Suppen können furchtbar sein, wenn
sie nicht gut gewürzt sind. Denn erst durch
Erhitzen werden viele der Geschmacksstoffe
freigesetzt, die wir so sehr lieben. Es ist
wichtig, die Suppe direkt vor dem Servieren
noch mal gut abzuschmecken, und wundern
Sie sich nicht, wenn Sie mehr Salz und Pfeffer
brauchen als gewöhnlich (vermutlich ist es
immer noch viel weniger als in jeder Dosensuppe).

Es gibt Tausende Gazpacho-Rezepte. Das Entscheidende bei
allen ist die Verwendung von hocharomatischen Tomaten.
Keine noch so große Menge an Gewürzen, Chili oder Glaube
wird ausreichen, um blasse, geschmacksneutrale, harte Wasser-
tomaten mit Aroma anzureichern. Da hilft auch nicht, die
Tomaten ganz fein zu hacken. In ihrem Lied „The End" singen
die Beatles: „Und am Ende kriegst du genau die Liebe, die
du gibst." In anderen Worten: Sie kriegen ein fantastisches
Mittagessen, wenn Sie dem Gemüsehändler einen Haufen Geld
in die Hand drücken. Zumindest glaube ich, dass das gemeint ist.

Salatsuppen

Suppen aus Blattsalat
schmecken fein nach geschnittenem Gras. Denken Sie aber
daran, dass Sie viel Salat
brauchen, um etwas
Geschmack zu erhalten. Geben
Sie also nicht zu viel Wasser
dazu und gehen Sie sparsam
mit Brühe um.

Zutaten

Für 4 Personen als erfrischende Vorspeise

1 rote Paprika, klein gewürfelt

1 kg vollreife Tomaten, entkernt und klein gewürfelt

2 EL sehr fein gehackte Zwiebeln

3 Knoblauchzehen, zerdrückt

1 Gurke, geschält und gehackt

$3^1/_2$ Scheiben altbackenes Weißbrot, zerkrümelt

3 EL Rotwein- oder Sherry-Essig

$3^1/_2$ EL Olivenöl, plus etwas mehr zum Beträufeln

Salz und Pfeffer

Eiswürfel (nach Belieben)

Dazu passt: ein feiner Manzanilla-Sherry

Zubereitung

Je eine Handvoll Paprika- und Tomatenwürfel sowie die Hälfte der Zwiebeln im Kühlschrank beiseitestellen. Den Rest mit Knoblauch und Gurke im Mixer glatt pürieren. Brot, Essig und Öl zufügen und nochmals mixen. Mit Salz und Pfeffer abschmecken. Falls die Suppe zu dickflüssig ist, ein paar Eiswürfel zugeben. Die Suppe 2 Stunden im Kühlschrank ziehen lassen.

Vor dem Servieren nochmals mit Essig, Salz und Pfeffer abschmecken und in Suppenschalen füllen. Mit Paprika-, Tomaten- und Zwiebelwürfelchen bestreuen, mit etwas Öl beträufeln und sofort servieren.

⑧⑦ Thailändische Tom Yam

Tom Yam ist eine zu Recht berühmte,
anregende, scharf-saure Kombination der besten Aromen, die die
thailändische Küche zu bieten hat. Eine klare, duftende, gesunde Brühe mit
dem Aroma von Chili und Limette haucht den restlichen Zutaten Leben ein. Was die
Einlagen angeht, gibt es viele Variationen: Garnelen, Hühnchen und Fisch, aber auch jede
Art von fein geschnittenem Gemüse. Es sollte aber immer eine relativ belebende Brühe mit
darin schwimmenden Einlagen bleiben und kein dicker Eintopf werden.

Die Zutatenliste gegenüber ist relativ lang. Wenn Sie erst einmal die Brühe probieren wollen, bevor
Sie den nächsten Asiamarkt stürmen, können Sie es zunächst mit der Instantversion versuchen.

Instant-Tom-Yam

Im Asiamarkt gibt es ganz anständige Tom-Yam-Pasten, mit der sich im Handumdrehen
leckere Suppen zubereiten lassen, wenn Sie sich einmal richtig schlapp fühlen. Auf meinem
Glas steht: „Zwei Esslöffel Paste in 750 ml kochendem Wasser auflösen. Nach Belieben
Garnelen und Pilze zufügen." Das war's. Ich möchte noch ergänzen, dass Sie etwas
fein geschnittenes Gemüse (was gerade da ist) zufügen können. Braten Sie die
Paste bloß nicht wie indische Currypaste an, sonst wird sie bitter. Das
Gemüse sollte 2 Minuten blanchiert werden, das reicht. Die Paste
besteht unter anderem aus Zitronengras, Chili, Galgant und
Kaffir-Limettenblättern – Zutaten, die vielerorts nur
schwer zu bekommen sind. Die Instantvariante
ist also auf jeden Fall praktisch.

Zutaten

Für 6 Personen als leichtes Hauptgericht

1,5 l leichte Hühnerbrühe

6 Stängel Zitronengras, zerdrückt (damit sich
das Aroma besser löst)

3 EL sehr fein gehackte Korianderwurzel

10 Kaffir-Limettenblätter,
Mittelrippen entfernt

1 rote Chili, entkernt und fein gehackt

2,5-cm-Stück Galgant (oder Ingwerwurzel),
geschält und in feinen Scheiben

3 EL Fischsauce

1 EL Zucker

500 g Garnelen, geschält, aber mit intaktem
Schwanzende

500 g festes weißes Fischfilet, z. B. Kabeljau
oder Seeteufel, in mundgerechten Stücken

225 g Bambussprossen aus der Dose oder
Wasserkastanien

12 Cocktailtomaten, halbiert

Saft von 2 Limetten

je 1 Handvoll frische Koriander- und
Basilikumblätter (möglichst Thai-Basilikum),
gehackt, zum Garnieren

Dazu passt: eine große
Flasche Elephant-Bier
aus Thailand

Zubereitung

Die Brühe in einen großen Topf füllen und Zitronengras, Korianderwurzel, Limettenblätter, Chili, Galgant, Fischsauce und Zucker zufügen. Bei geschlossenem Deckel zum Kochen bringen. Dann die Hitze reduzieren und 10 Minuten köcheln lassen.

Garnelen, Fisch und Bambussprossen zufügen und weitere 4 Minuten köcheln lassen. Tomaten und Limettensaft unterrühren. Mit weiterer Fischsauce und Zucker abschmecken, falls nötig.

Die Zitronengrasstängel entfernen. Die Suppe in vorgewärmte Schalen füllen und mit Koriander und Basilikum garniert servieren.

⊛ Mezze mit Hummus, Kräuter-Taboulé & Baba Ganoush

Mezze sind für Nordafrika und den Nahen Osten das, was Tapas für die Spanier sind. Die besten Mezze, die ich je gegessen habe, wurden mir in dem winzigen Dorf Yanun im besetzten Westjordanland bei einer Familie serviert, die nicht viel mehr hatte als ein paar Olivenbäume und Ziegen. Sie legten ihre eigenen Chili-Oliven ein, pressten ihr eigenes Öl, machten ihren eigenen Käse, und was davon übrig blieb, tauschten sie gegen Kichererbsen ein. Sie backten auch ihr eigenes Fladenbrot in einem Erdofen. Nein, für fantastische Mezze braucht man nicht unbedingt eigene Ziegen und einen Olivenhain, aber eben auch keine teuren Zutaten.

„Mezze" bedeutet „Geschmack", „Würze". Für jemanden wie mich, der gerne hiervon und davon ein bisschen probiert, sind sie die perfekte Art des Essens. Ich serviere Mezze zusammen mit kleinen Schalen mit Olivenöl und Za'atar, einer Mischung aus gemahlenem Thymian mit Sesamsaat, Sumak und Salz. Tunken Sie das Brot erst ins Öl, dann in die Gewürzmischung, und ab in den Mund ... köstlich!

Weitere Mezze

Bei Mezze gibt es keine festen Regeln, und es macht auch Spaß, ein paar fertig gekaufte Leckereien mit ein paar selbst gemachten zu kombinieren. Stellen Sie einfach mal Taramasalata, Falafel, gefüllte Weinblätter, Fetawürfel oder gegrillten Halumi-Käse, gegrillte Paprika und Peperoni dazu.

Dazu passt: Kardamom-Kaffee (danach natürlich!)

Zutaten

Für 10 Personen als Vorspeise

Hummus

400 g Kichererbsen aus der Dose, abgetropft

1 Knoblauchzehe, zerdrückt

3 EL Tahini

1 Prise Salz

Saft von 1 Zitrone

4 EL Olivenöl, plus etwas mehr zum Beträufeln

1 kleine Handvoll Petersilie, gehackt

Zubereitung

Bis auf eine Handvoll die Kichererbsen mit 2 Esslöffeln Wasser im Mixer pürieren. Knoblauch, Tahini, Salz, Zitronensaft und Olivenöl zufügen und mindestens 2 Minuten zu einer glatten, feinen Paste mixen. Falls nötig, weiteres Wasser einarbeiten. Die zurückbehaltenen Kichererbsen mit einer Gabel grob zerdrücken und unter die Paste rühren.

Das Hummus auf einen Teller oder in eine flache Schüssel geben, die Petersilie unterrühren und mit einem Löffelrücken so verstreichen, dass Rillen entstehen. Das Olivenöl darüberträufeln und servieren.

Kräutertaboulé

100 g Bulgur

1 Zitrone

500 g Cocktailtomaten, halbiert

3 Bund glatte Petersilie, fein gehackt

2 Bund frische Minze, fein gehackt

1 Knoblauchzehe, zerdrückt

4 EL Olivenöl

Salz und Pfeffer

Den Bulgur nach Packungsangabe mit Wasser aufkochen und 15 Minuten bissfest garen. Vollständig abkühlen lassen. Die Zitrone fein reiben und den Saft auspressen. Danach alles in einer großen Schüssel mit den restlichen Zutaten vermischen. Mit Salz und Pfeffer abschmecken und servieren.

Baba Ganoush

4 Auberginen

3 Knoblauchzehen, zerdrückt

3 EL Tahini

5 EL Olivenöl

Salz und Pfeffer

Den Backofen auf 220 °C vorheizen. Die Auberginen rundum mit einer Gabel einstechen. Mithilfe einer Küchenzange über eine Gasflamme (z. B. Campingkocher) halten, bis die Haut schwarz wird und Blasen wirft. Die Auberginen in eine Bratform legen und im vorgeheizten Ofen 35–55 Minuten garen, bis sie weich sind. Zum Abkühlen beiseitestellen.

Die Auberginen halbieren und das Fleisch mit einem Löffel in eine Schüssel schaben. Die restlichen Zutaten zufügen. Salzen und pfeffern. Mit einer Gabel zerdrücken.

⑧⑨ Selbst gemachte Pizza

Pizzakunde

Die Pizza ist auf ewig mit Neapel verbunden. Von dort aus trat sie ihren Siegeszug über die ganze Welt an. Bis heute gehört sie zu den beliebtesten Fast-Food-Essen. Gerichte aus Brotteig, mit verschiedenen Belägen im Ofen gebacken, gibt es auf der ganzen Welt, beispielsweise den pikanten Flammkuchen aus dem Elsass. Das Wort „Pizza" lässt sich bis ins Jahr 997 n. Chr. zurückverfolgen. Original Neapolitaner Pizzen sind die einfache Marinara mit Tomaten, Knoblauch und Öl und die Margherita (benannt nach einer italienischen Königin anlässlich ihres Neapelbesuchs) mit Tomaten, Mozzarella und frischem Basilikum.

Das Essen ist am besten, wenn Familie oder Freunde bei der Zubereitung mitwirken. Ein sicheres Rezept für gute Stimmung ist die gemeinsame Herstellung von Pizza. Aber dieses Gericht hat noch andere Vorzüge: Jeder bekommt sein maßgeschneidertes Essen, und überhaupt, warum sollte die ganze Arbeit an Ihnen hängen bleiben?

Im Grunde stellen Sie nur die Zutaten zusammen: Teig, Tomatensauce und eine Auswahl an Belägen. Sie können dabei so großzügig oder knauserig sein, wie Sie wollen (die schlichtesten Pizzen sind oft die weltbesten). Unbezahlbar ist dieses Gericht, wenn Sie Meisterköche oder kulinarische Besserwisser zu Gast haben, weil Ihre Kochkünste dann nicht auf dem Prüfstand stehen.

Auch die Vorspeise ist hier mit inbegriffen. Während eine Pizza backt, können die restlichen Beläge als Antipasti gegessen werden. Ein paar allgemeine Tipps zum Gelingen dieses Erlebnisessens möchte ich aber noch loswerden, bevor Sie anfangen:

1. Je dünner der Boden, desto besser backt er (es sei denn, Sie sind stolzer Besitzer eines höllisch heißen, holzbefeuerten Pizzaofens).

2. Beginnen Sie mit einer dünnen Schicht Tomatensauce und etwas Mozzarella. Dann kommen die Beläge und zuletzt etwas Olivenöl.

3. Die Zutaten für den Belag sollten relativ trocken sein, sonst weicht der Boden zu sehr durch.

4. Weniger ist mehr! Wer mit Geschmacksrichtungen spielen will, sollte sie besser auf verschiedene Pizzastücke verteilen.

Zutaten

Für 6 Personen als Antipasti und
Hauptgericht

2 Päckchen Trockenbackhefe
750 g Weizenmehl Type 405 oder
italienische Type 00, plus etwas mehr zum
Bestäuben
$^1/_2$ TL Salz · 3 EL Öl
440 ml lauwarmes Wasser
feiner Hartweizengrieß, zum Bestreuen
650 ml Tomatensauce

Beläge

eingelegte Artischockenherzen
400 g Mozzarella, in feinen Scheiben
Kräuter (Basilikum, Thymian, Rosmarin)
rote Paprika
gegrillte Auberginen und Zucchini
Olivenöl, zum Beträufeln

Zubereitung

Die Hefe unter das Mehl mischen. Salz und Öl zugeben. So viel
Wasser einarbeiten, dass die Zutaten gebunden werden. Eine
Arbeitsfläche mit Mehl bestäuben und den Teig 3 Minuten
kneten. Zu einer Kugel geformt in eine Schüssel geben und an
einem warmen Ort 1 Stunde gehen lassen.

Die verschiedenen Beläge in Schüsseln und Schalen geben
und auf den Tisch stellen, damit sie auch als Antipasti gegessen
werden können. Bitten Sie Ihre Gäste aber, noch Zutaten und
Hunger für die Pizzen übrig zu lassen! Dann den Backofen auf
230 °C vorheizen.

Den Teig nochmals 8 Minuten durchkneten. In 12 Portionen
teilen und jeder Person eine geben. Die restlichen 6 für eine
zweite Pizzarunde beiseitestellen. Jede Portion reicht für
eine kleine bis mittelgroße Pizza. Drei Backbleche mit Grieß
bestreuen. Jeder sollte nun seinen Teig so dünn wie möglich
ausziehen bzw. drücken, mit Tomatensauce bestreichen, mit
Mozzarella und weiteren Zutaten nach Wahl belegen und mit
etwas Olivenöl beträufeln.

Die Pizzen im vorgeheizten Ofen 10–20 Minuten backen.
Heiß servieren. Jeder sollte auch alle anderen Pizzen einmal
probieren. Wenn alle verzehrt sind, beginnt einfach die zweite Runde.

Dazu passt: ein roter Chianti

⑨⓪ Spargel-Tomaten-Quiche

Diese Quiche ist ein tolles Gericht für ein Sommerpicknick oder ein Essen im Garten und wird perfekt durch ein paar Oliven, einen frischen grünen oder einen Kartoffelsalat mit Schnittlauchmayonnaise ergänzt. Die Zutaten sind beliebig durch anderes knackiges Frühlings- und Sommergemüse wie Zucchini, zarte Karotten, Spinat, Artischockenherzen oder rote Paprika austauschbar. Sie brauchen eine gute Quicheform mit einem Durchmesser von 26–30 cm, vorzugsweise eine Springform, damit die Quiche beim Herauslösen nicht kaputtgeht.

Möchtegern-Parmesan

Parmigiano-Reggiano heißt die Region in Norditalien, aus der der berühmte Käse kommt, den wir als „Parmesan" kennen. Das ist eine geschützte Ursprungsbezeichnung, und nur Käse, der wirklich in dieser Region hergestellt wurde, darf sich „Parmesan" nennen. Aber auch in anderen Regionen Italiens wird ähnlicher Käse produziert, und einige dieser Sorten sind — die Puristen mögen mir verzeihen — richtig gut, wie zum Beispiel Grana Padano aus Trentino oder Sbrinz aus der Schweiz.

Zutaten

Für 4 Personen als Picknick-Hauptgericht

375 g Mürbeteig, ungesüßt (Fertigprodukt)
Butter, zum Einfetten
1 Bund dünne grüne Spargelstangen
250 g Spinatblätter
3 große Eier, verquirlt
160 g Sahne
1 Knoblauchzehe, zerdrückt
Salz und Pfeffer
10 kleine Cocktailtomaten, halbiert
1 Handvoll frische Basilikumblätter, gehackt
25 g frisch geriebener Parmesan

Zubereitung

Den Backofen auf 190 °C vorheizen. Den Teig mindestens 15 Minuten vor dem Backen aus dem Kühlschrank nehmen, sonst kann er brüchig werden. Eine Quicheform (26–30 cm Durchmesser) mit Butter einfetten, den Teig entsprechend kreisrund ausrollen und die Form damit auskleiden. Überstehenden Teig abschneiden. Den Teigboden mehrmals mit einer Gabel einstechen und mit einem Stück Backpapier belegen. Mit getrockneten Hülsenfrüchten beschweren und im vorgeheizten Ofen 20–30 Minuten blindbacken. Die Ofentemperatur auf 180 °C reduzieren.

Währenddessen den Spargel putzen. Einen großen Topf Wasser zum Kochen bringen und den Spargel darin 1 Minute blanchieren. Herausnehmen und abtropfen lassen. Dann den Spinat kurz in das kochende Wasser tauchen und sehr gut abtropfen lassen.

Eier, Sahne und Knoblauch verrühren. Salzen und pfeffern. Den Teigboden mit dem Spinat bedecken. Spargelstangen und Tomaten, Schnittseite nach oben, darauf verteilen. Mit Basilikum bestreuen. Mit der Eiersahne begießen und im Ofen etwa 35 Minuten backen, bis die Füllung fest ist. Mit Parmesan bestreuen und vor dem Servieren auf Zimmertemperatur abkühlen lassen.

Dazu passt: ein weißer Mâcon Villages

10.Nachspeisen

Nachspeisen

Der Patissier in einem Spitzenrestaurant führt ein eigenartiges Dasein. Er lebt auf einer Insel weit entfernt von dem lärmenden, hektischen Durcheinander der restlichen Küchenbrigade, die sich schimpfend durch jede Bestellung kämpft, als wolle sie sich zerfleischen.

Der Patissier arbeitet nach seinen eigenen Regeln, relativ isoliert und häufig zu ganz anderen Zeiten als der Rest der Mannschaft. Seine Kunst ist erst gefragt, wenn die restliche Bestellung schon gelaufen ist. Die Patissiers, die ich kennengelernt habe, strahlen dadurch eine fast buddhistische Ruhe aus. Schließlich sind sie für den Schlussakkord eines Menüs zuständig (das Wort „Dessert" leitet sich ab von Französisch desservir, „abservieren") – den Teil, der oft nur noch Lust und Schlemmerei ist. Und deshalb verbirgt sich in diesen meditativ ausgeglichenen Gesichtern immer auch ein freches Zwinkern.

Wenn der Hauptgang abgeräumt ist, der befriedigende, nahrhafte und sättigende Brennstoff vom Tisch, ist der Nahrungsbedarf eigentlich gedeckt. An dieser Stelle betreten die Patissiers die zwielichtige Bühne kulinarischer Dekadenz.

Die Welt des Patissiers ist ein verführerischer, sinnlicher Ort irdischer Genüsse und unbeschwerter Hingabe; eine ausschweifende, felsige Küste, an der Diäten zerschellen; ein gefährlicher Ozean, in dem sündige Strudel cremiger Freuden die festesten Cholesterin-Vorsätze in die Tiefe zerren; ein kulinarisches Land, in dem Treibsand aus Schokolade und Zucker selbst den Diszipliniertesten auf den Weg des luxuriösen Müßiggangs drängen.

Oh Mann, jetzt aber Schluss mit all den süßlichen Seefahrtsmetaphern. Das ist, was Desserts mit einem Mann anstellen!

Nun, was gibt es zu dieser Auswahl der zehn Besten zu sagen? Sie könnten natürlich einwenden, dass ich die besten Cremes, Mousses, Bavaroises, Pithiviers oder die feinsten Käsesorten ausgelassen habe. Ja, vielleicht. Aber es gibt so viele traumhafte süße Verführungen, und meine Auswahl ist eine persönliche Reise in meine Erinnerungen. Außerdem müssten Sie mir schon genau erklären, warum eines der von mir gewählten Gerichte nicht hierhergehört – von der unglaublichen Cremigkeit der *Zabaione* über die klassische *Crème brûlée* bis hin zur hemmungslosen Offenheit eines *Toffee Puddings*.

Dass dieses Kapitel „Nachspeisen" heißt und nicht „Desserts", liegt an einem Außenseiter, der Substanz, die ich mehr liebe als jede andere auf der Welt: KÄSE. Käse ist einer dieser außergewöhnlichen Stoffe, die geboren und gefüttert werden und reifen müssen. Ein guter Käse enthält alle olfaktorischen Merkmale seiner Entstehung, angefangen bei seinen Milchgebern, ob Schaf, Kuh, Ziege oder Yak. Ein richtig gelagerter, gut gereifter, handgemachter Käse schmeckt praktisch nach seinem Käser. Ich kann abends nicht ins Bett gehen, ohne noch ein Stück Käse gegessen zu haben, und wenn es nur ein winziges Eckchen ist. Für mich gehört Käse zu den Dingen, die das Leben lebenswert, ja wunderbar machen. Genau das sollte eine Nachspeise sein: ein köstlicher Ausflug in die kulinarische Unvernunft.

⑨① Zabaione

Ihnen läuft schon beim Klang dieses Wortes das Wasser im Mund zusammen? So sollte es auch sein, allein wegen der sündhaften Zutaten: Eigelb, Zucker und Marsala. Zabaione ist ein Dessert de luxe, ein himmlisches Trostpflaster für die alltagsgestresste Seele.

Ich habe mir oft ausgemalt, in welcher meiner Lieblingssubstanzen ich baden würde, wenn ich unbegrenzte Mittel und einen begrenzten Sinn fürs Angemessene hätte. Champagner könnte ein bisschen brennen, uralter Balsamico könnte

abfärben, Tokajer brächte ernsthafte Gesundheitsrisiken mit sich, und bei toskanischem Olivenöl wäre es unmöglich, die Wanne wieder zu verlassen. Vielleicht wäre Schlagsahne keine schlechte Idee. Für ein rein sensorisches Abenteuer würde ich vermutlich Baked Beans wählen. Aber um mich ins sinnliche Nirvana zu schießen, würde ich in Zabaione baden.

Zabaione ist kinderleicht zuzubereiten. Man braucht lediglich ein Bain-Marie – ein Wasserbad, das man kaufen oder selber zusammenbasteln kann, denn es ist nichts weiter als eine hitzebeständige Schüssel, die auf einen Topf mit heißem oder siedendem Wasser gesetzt wird. Das Eigelb darf nicht fest werden, und das ist schnell passiert, wenn der Boden der Schüssel das Wasser berührt oder zu dicht darüberhängt. Werfen Sie das Eiweiß nicht weg: Es kann für eine Pavlova oder Meringen verwendet werden.

Was man mit einer ganzen Flasche Marsala anstellen kann

Marsala ist ein verschnittener Wein aus Sizilien mit einer dunkelbraunen Farbe und einem vollen, portwein-ähnlichen Aroma. Falls Sie keinen Marsala in Ihrer Hausbar haben, können Sie ihn durch Madeira, Portwein oder Moscato ersetzen. Aus diversen Gründen kann ich Ihnen aber nur empfehlen, sich eine Flasche zuzulegen. Er passt super zu Käse, ergibt aber auch eine tolle Sauce für kurz gebratenes Fleisch: Rindersteaks oder Lammkoteletts nach dem Anbraten in den warmen Ofen geben. Die Pfanne nun mit einem ordentlichen Schuss Marsala deglacieren und ein paar Thymianblättchen dazugeben. Die Sauce auf die Hälfte reduzieren. Den Bratensaft unterrühren. Die Sauce über Fleisch und Salat gießen. Lecker!

Zutaten

Für 6 Personen

70 g Zucker extrafein
6 Eigelb
180 ml Marsala, Madeira oder ein
anderer Dessertwein
1 Schuss Weinbrand
Amaretti, zum Servieren

Zubereitung

Einen Topf zur Hälfte mit Wasser füllen und es zum Kochen bringen. Eine hitzebeständige Schüssel daraufsetzen, ohne dass sie mit dem kochenden Wasser in Kontakt kommt.

Zucker und Eier in der Schüssel schlagen, bis eine helle, cremige Masse entstanden ist. Den Marsala nach und nach einarbeiten. Den Weinbrand unterrühren und weitere 15 Minuten schaumig schlagen.

In Dessertgläser füllen und mit Amaretti servieren. Zabaione kann auch im Voraus zubereitet und gut gekühlt serviert werden.

Die Zabaione-Story

Zabaione, oder auf Italienisch „Zabaglione", wurde wahrscheinlich im 16. Jahrhundert am Florentiner Hof der mächtigen Medici erfunden und erfreute sich im 19. Jahrhundert größter Popularität beim russischen Adel. Die Franzosen nennen ihre Version „Sabayon". In Polen gibt es ein ähnliches Dessert namens „Kogel Mogel", das zusätzlich noch Schokolade, Honig oder Rum enthält.

Dazu passt: ein Sauternes oder Frontignan (französische Dessertweine)

⑨② Schokoladen-Fondants

Nichts ist wie Schokolade – verführerische, lebensbejahende, bittersüße Schokolade. Sie ist wirklich Sünden wert: die Diät hinzuschmeißen, Geld aus dem Fenster zu werfen und die Ratschläge des Arztes zu ignorieren. Ich kenne viele, die für kein Lebensmittel eine solche Schwäche haben wie für Schokolade.

Dieses Dessert ist die beste Art, Schokolade zu genießen. Es ist vielleicht nicht ganz so ein Kracher wie kopfüber in einen Swimmingpool aus Kakao und Sahne zu tauchen, aber es ist nicht weit davon entfernt.

Sie brauchen ein paar Förmchen dafür, leicht konische Dariole-Förmchen wären ideal.

Fondant

Eigentlich ist ein Fondant eine Mischung aus Zucker und Glukosesirup, die in Wasser aufgelöst, gekocht und dann zu einer glatten weißen Paste geknetet wird. Schokoladenfondant ist eine freche Variation.

Schokoladenkunde

Die Mayas in Mittelamerika waren besonders schokoladenversessen und bestatteten ihre Würdenträger häufig mit Schalen voller Schokolade als Proviant für den Weg ins Jenseits. Die Azteken betrieben intensiven Handel damit und tranken sie in rauen Mengen. Kolumbus beschlagnahmte 1502 ein Kanu mit Kakaobohnen, aber erst 20 Jahre später lernten die Spanier, was damit wirklich anzufangen war. Schokolade gelangte schnell nach Europa, und die Menschen dort waren ganz verrückt danach. Im 17. Jahrhundert verwendeten italienische Köche sie zum Kochen, die Briten ließen dafür sogar einmal einen Tee stehen, und auch am französischen Hof erfreute sich Kakao größter Beliebtheit.

Kakao

Die Früchte des Kakaobaums sind sonderbar, wie kleine rote oder gelbe Rugbybälle hängen sie an dünnen Stielen direkt am Stamm des Kakaobaums. Ein durchschnittlicher Baum trägt etwa 30 Früchte. Nach der Ernte werden sie aufgeschlagen und zur Fermentation bzw. zur Entwicklung der Aromen in die Sonne gelegt. Dann werden die Bohnen herausgelöst, getrocknet und zur Weiterverarbeitung verpackt und weitertransportiert.

Zutaten

Für 4 Personen

100 g Zucker extrafein

160 g Butter, plus etwas mehr zum Einfetten

175 g Zartbitterschokolade

3 große Eier

3 große Eigelb

1 EL Weizenmehl

Minzeblätter, zum Garnieren

Zubereitung

Vier Dariole-Förmchen sorgfältig mit Butter einfetten.

Einen kleinen Topf zur Hälfte mit Wasser füllen und es zum Sieden bringen. Eine hitzebeständige Schüssel daraufsetzen. Zucker, Butter und Schokolade hineingeben und rühren, bis die Butter geschmolzen ist. Die Schüssel vom Wasserbad nehmen.

Kräftig rühren, bis eine glatte Masse entstanden ist. Eier und Eigelb einarbeiten. Das Mehl sieben und unterheben.

Die Masse in die vorbereiteten Förmchen füllen und 30 Minuten im Kühlschrank ruhen lassen.

Den Backofen auf 220 °C vorheizen. Die Fondants 8–10 Minuten backen. Aus dem Ofen nehmen und ruhen lassen. Auf Dessertteller stürzen. Mit Minze garnieren und servieren.

Dazu passt: ein Oloroso-Sherry oder griechischer Dessertwein (unbedingt probieren, fantastisches Zeug!)

⑨③ Crème brûlée

Dies ist eines der großen kulinarischen Geschenke Frankreichs an die Welt. „Gebrannte Creme" ist die prosaische Übersetzung für ein Dessert aus einer feinen englischen Creme und karamellisiertem Zucker. Traditionell wird sie in Einzelportionen zubereitet, die unter dem heißen Grill gratiniert werden, bis der Zucker karamellisiert und anschließend aushärtet. Jeder Empfänger einer Crème brûlée klopft sicher zunächst mit dem Löffel auf den Karamelldeckel, bevor er ihn in die köstliche Creme taucht.

Zuletzt gegessen habe ich Crème brûlée bei einem Abendessen mit meiner französischen Freundin Manon. Nach dem Hauptgang kündigte Manon an, dass sie Crème brûlée gemacht habe, und am Tisch brach – ja, wirklich – einmütiger Jubel aus. Die Cremes waren bereits vorbereitet und sollten nur noch zum Karamellisieren unter den Grill geschoben werden. Manons Mann Jeremy stellte die Förmchen auf den Backofenrost und trug sie zum Backofen. Doch beim Transport rutschten die Schüsselchen herunter. Der Sturz schien in Zeitlupe abzulaufen. Unsere Freude wandelte sich in Bestürzung, und als unsere Hoffnungen auf dem Boden aufschlugen und zerbrachen, entfuhr uns ein kollektives „Neiiiiiin!" (auch das in Zeitlupe). Nur eine einsame Crème brûlée überlebte, eingeklemmt zwischen Jeremys Knie und dem Ofen. Wir teilten sie durch sechs. Aber das war erst die wahre Folter, denn sie schmeckte sensationell und erinnerte uns mit jedem Löffelchen an den tragischen Verlust. Ich darf Sie beruhigen: Schon nach etwa zwei Monaten hatten wir Jeremy fast verziehen. Er hofft, die Küche bald wieder betreten zu dürfen.

Lassen Sie mich noch ein Wort zu Gasbrennern sagen: Man muss nicht unbedingt einen haben, um eine Crème brûlée herzustellen. Aber das Karamellisieren der Oberfläche muss wirklich schnell gehen, damit die Creme darunter nicht wieder warm wird. Das klappt tatsächlich am besten mit so einem kleinen Küchengasbrenner, den es überall in Küchenläden und Kaufhäusern gibt. Tolles Spielzeug! So etwas haben Sie doch schon immer gewollt!

Vanille

Sie ist unverzichtbar für eine wirklich gute Crème brûlée, die immer besser schmeckt, wenn Sie zu einer echten Vanillestange und nicht zu irgendeinem Extrakt oder einer Essenz greifen. Die Gewürzvanille ist eine Kletterpflanze, die erst hüfthoch nach oben und wieder nach unten wächst, um dann vom Boden aus die nächste Schlinge nach oben zu ziehen. Dies macht sie immer wieder, bis sie wie ein Reifen aussieht. Die Pflanze ist grün mit langen, braunen Blättern und Blüten, die sich nur sehr früh morgens öffnen und vermutlich nur von einer Bienen- und einer Kolibriart bestäubt werden. Die Stangen werden nach der Ernte gedämpft und dann mehrere Wochen einer Fermentation unterzogen.

Zutaten

Für 8 Personen

560 ml Sahne

1 Vanillestange

100 g Zucker extrafein, plus etwas mehr zum Bestreuen

6 Eigelb

Zubereitung

Den Backofen auf 160 °C vorheizen.

Die Sahne in einen kleinen Topf gießen. Die Vanillestange längs aufschlitzen. Das Mark herauskratzen und in die Sahne geben. Die Stange in kleine Stücke schneiden und ebenfalls in die Sahne geben. Zum Kochen bringen. Dann die Hitze reduzieren und die Mischung 5 Minuten sanft köcheln lassen.

In einer hitzebeständigen Schüssel Zucker und Eigelb mit einem Löffel sorgfältig verquirlen. Die heiße Sahne unter Rühren in die Eiermasse gießen, dann schlagen, bis die Masse leicht eindickt. Durch ein feines Haarsieb in eine zweite Schüssel oder einen Rührbecher passieren. Die Eiersahne in eine große, flache Auflaufform oder 8 flache Portionsförmchen füllen und auf ein Backblech stellen. So viel kochendes Wasser zugießen, dass die Form/die Förmchen halbhoch im Wasser steht/stehen.

Im vorgeheizten Ofen 35–45 Minuten garen, bis die Creme fest ist.

Aus dem Ofen nehmen und auf Zimmertemperatur abkühlen lassen. Mit Zucker bestreuen und mithilfe eines Küchengasbrenners oder direkt unter dem heißen Backofengrill karamellisieren. Vor dem Servieren den Karamell einige Minuten fest werden lassen.

Dazu passt: ein ungarischer Tokaji 5 Puttonyos (Dessertwein)

⑨④ Toffee Pudding

Selbst die nüchternsten Briten bekommen bei der bloßen Erwähnung dieses klassischen Kinderdesserts Heimweh, egal ob sie in der Ferne sind oder nicht. Toffee Pudding ist ein Biskuitkuchen mit Datteln, der mit einem ziemlich feisten Zuckersirup getränkt wird. Für die meisten Engländer ist er der Inbegriff des einfachen, herrlichen Genusses aus Kindertagen: süß, klebrig und so unglaublich weich, dass man eigentlich gar keine Zähne braucht, um ihn zu genießen.

Es gibt mehrere Restaurants, die die Erfindung dieses Gerichts für sich beanspruchen. Seine wirkliche Herkunft bleibt allerdings umstritten. Ich vermute, dass er in Wahrheit im 19. Jahrhundert von einer englischen Haushälterin erfunden wurde, die aus Versehen eine Schüssel Melasse oder Zuckersirup über einen Biskuitkuchen geschüttet (vielleicht weil sie vor einer Maus erschrocken war) und ihn beiseitegestellt hatte, um ihn später gemeinsam mit der Kinderfrau zu löffeln – nur um ihrer Zufallskreation zu verfallen und sie jahrzehntelang geheim zu halten.

Das Goldene Pudding-Zeitalter?

Während der Herrschaft Königin Victorias (1837–1901), als Windsor Pudding (eine zitrusparfümierte Apfel- und Reiskreation) in Mode war, erlebte der typisch englische, biskuitbasierte Pudding eindeutig seine Blütezeit. Die Köche dieser Epoche experimentierten mit Talg, Trockenfrüchten und verschiedenen Garmethoden wie Dämpfen, Kochen und Backen.

Zutaten

Für 4 Personen

200 g entsteinte Datteln, fein gehackt

1 TL Backnatron

175 ml Wasser

160 g Butter, plus etwas mehr zum Einfetten

200 g brauner Zucker extrafein

2 Eier

1 TL Vanillearoma

220 g Mehl

2 TL Backpulver

Sauce

150 g brauner Zucker

2 EL Butter, in Stücken

60 g Sahne

Zubereitung

Den Backofen auf 180 °C vorheizen. Datteln, Natron und Wasser in einen Topf geben und 5 Minuten köcheln lassen, bis die Datteln weich sind. Beiseitestellen.

Butter und Zucker cremig rühren. Eier, Vanillearoma, Mehl und Backpulver einarbeiten. Zuletzt die Datteln samt Einweichwasser unterrühren. Eine Back- oder Auflaufform (20 cm Durchmesser) mit wenig Butter einfetten und den Teig einfüllen. Im vorgeheizten Ofen 35 Minuten backen. Nach 20 Minuten prüfen, ob der Teig nicht zu dunkel wird. Er ist fertig, wenn ein in die Mitte gestochenes Messer sauber wieder herauskommt. Der Teig darf nicht zu trocken werden!

Währenddessen für die Sauce Zucker, Butter und Sahne in einen Topf geben und bei kleiner Hitze verrühren. Die Hitze erhöhen und die Masse 1 Minute kochen und eindicken lassen. Den Topf vom Herd nehmen und warm halten. Zum Servieren den Pudding auf vier Dessertteller verteilen und mit der Sauce überziehen.

Dazu passt: ein australischer Orange-Muscat-Dessertwein

220 g Zucker extrafein
150 g Butter
800 g Kochäpfel
350 g Blätterteig (Fertigprodukt)
Vanilleeis, zum Servieren

⑨⑤ Tarte Tatin

Meine französische Freundin Manon ist die ungekrönte Königin aller Kuchen, und sie hat mir einmal den besten Apfelkuchen der Welt gebacken. Es war eine Tarte Tatin, der umgekehrte Kuchen, den die Schwestern Tatin in ihrem Restaurant in Lamotte-Beuvron in der Nähe von Orléans erfanden (oder zumindest bekannt machten). Falls Manon jemals die Lust verliert, Handtaschen zu entwerfen, sollte Sie eine Patisserie eröffnen.

Es ist einfach eine geniale Art des Kuchenbackens: Der Teig kommt als Deckel über den Belag, damit die Äpfel darunter in Zucker und Butter garen können. Nach dem Backen wird der Kuchen gewendet, damit die innen entstandene Karamellsauce durch die Äpfel in den Teig sickert. Vielleicht wurde der Kuchen von jemandem erfunden, der ein Rezept falsch verstanden hat und sich ganz unabsichtlich in den Backolymp schoss.

Puristen können sich für die Zubereitung der Tarte eine klassische, flache Kupferpfanne kaufen. Die kosten allerdings ein kleines Vermögen, und mit einer normalen, großen Pfanne, die in den Ofen geschoben werden kann, vorzugsweise mit geraden Wänden, lassen sich ebenfalls ansehnliche Ergebnisse erzielen.

Zubereitung

Eine ofengeeignete Pfanne (20 cm Durchmesser) bei kleiner Hitze auf den Herd setzen und den Zucker darin schmelzen. Weiter erhitzen, bis er zu karamellisieren beginnt – aber nicht zu dunkel werden lassen. Die Butter zufügen und rühren, bis eine helle Karamellsauce entstanden ist. Die Pfanne vom Herd nehmen.

Die Äpfel schälen und in Achtel schneiden, entkernen und mit einer Schnittseite nach unten dicht an dicht in die Sauce legen. Der Pfannenboden sollte vollständig bedeckt sein. Falls zu große Lücken bleiben, zum Ausfüllen noch ein paar Apfelspalten zurechtschneiden. Die Pfanne bei mittlerer Hitze wieder auf den Herd setzen und die Äpfel ohne Rühren bei geschlossenem Deckel 5–10 Minuten dünsten, bis sie etwas Sauce aufgesogen haben. Die Pfanne vom Herd nehmen.

Den Backofen auf 190 °C vorheizen. Den Teig kreisrund ausrollen, sodass er ringsum etwas über den Pfannenrand lappt. Den Teigdeckel auf die Äpfel legen und den Rand zwischen Pfanne und Äpfel drücken. Das muss nicht perfekt aussehen, schließlich wird der Kuchen ja umgedreht.

25–35 Minuten im Ofen backen, dabei ab und zu überprüfen, dass der Teig nicht zu dunkel wird. Er sollte schön aufgehen und goldbraun werden. Aus dem Ofen nehmen und 30–60 Minuten ruhen lassen (bis hierhin kann alles im Voraus gemacht werden).

Zum Servieren sollte die Tarte lauwarm sein (sie kann gegebenenfalls kurz im Ofen aufgewärmt werden). Die Tarte vorsichtig auf eine Kuchenplatte stürzen und mit Vanilleeis servieren.

Dazu passt: Ich glaube, hier dürfen Sie endlich eine Flasche Calvados köpfen.

96 Champagnersorbet

Selbst gemachtes
Eis ist ein Albtraum. Ich habe es
selbst versucht und bei vielen Freunden gekostet, aber so
sehr mich die Bemühungen auch beeindruckten, fand ich die Kreationen
doch eher selten gelungen. Die Konsistenz lag immer irgendwo zwischen eisig und
sulzig und fast nie bei cremig. Leider gilt dies auch für viele restaurantgemachte Eiscremes.

Sorbets hingegen sind schillernd, verlässlich und etwas nachsichtiger (auch wenn Sie dafür wirklich
eine Eismaschine brauchen). Sie sind eine willkommene Erfrischung nach dem Essen an einem
glutheißen Sommertag, und sie haben die Eigenschaft, das Beste in ihren Zutaten zur Entfaltung zu
bringen. Meine Favoriten sind Holunderblüten- und eben dieses Champagnersorbet, das meine
Gäste immer ganz hippelig macht, wenn ich es auftrage. Auch Ihre Gäste werden dafür
immer noch ein bisschen Platz im Magen haben.

Ist Champagner zu teuer zum Kochen?

Sie können anstelle von Champagner einen richtig guten Sekt für dieses Sorbet
verwenden, aber bitte keinen alten oder minderwertigen Wein, denn die Aromen kommen
in einem Sorbet sehr deutlich zur Geltung. Ich habe einmal einen Koch gefragt,
ob es etwas ausmache, wenn man zum Kochen billigen Wein nehme. Er bekam
fast einen Anfall und fing an, mich mit allerlei Sachen zu bewerfen. Es ist
nämlich so, dass das Wasser in den verwendeten Flüssigzutaten
beim Kochen verdampft und nur die Bestandteile zurückbleiben, die
für Geschmack und Aroma sorgen. Die Aromen gehen nicht
verloren, sondern werden intensiviert. Letzten Endes kann
ein schlechter Wein ein Gericht also verderben.

Zutaten

Für 4 Personen

Saft von 1 Zitrone

560 ml Wasser

250 g Zucker

1 EL Flüssigglukose

270 ml Champagner

Minzeblätter, zum Garnieren

Dazu passt: noch mehr Champagner

Zubereitung

Bis auf den Champagner alle Zutaten in einen kleinen Topf geben und bei kleiner Hitze verrühren, bis sich der Zucker aufgelöst hat. Die Hitze erhöhen und die Flüssigkeit zum Kochen bringen. Dann den Topf vom Herd nehmen und die Masse auf Zimmertemperatur abkühlen lassen.

Den Champagner unterrühren. Die Sorbetmasse in eine Eismaschine füllen. Die Maschine auf 30–45 Minuten einstellen.

Das Sorbet in Dessertgläser füllen und mit Minze garnieren.

97 Gebratene Ananas

Ananas hat einen so hohen Fruchtzuckergehalt, dass das Fruchtfleisch beim Braten karamellisiert. Dadurch entwickelt sich eine der beglückendsten süßen Geschmacksrichtungen überhaupt. Es ist ein wunderbarer, hocharomatischer, wärmender Abschluss für jedes Essen. Am besten gelingt die Ananas in einem indischen Tandoor, der ihr sein außergewöhnliches Aroma verleiht. Einfach genial!

Ich hab es mal geschafft, ausgerechnet in Äthiopien einen ganzen Berg reife Ananas zu kaufen. Ananas schmeckt völlig anders, wenn sie am Baum gereift ist. Bei Mango ist das ähnlich: Man beißt in die Frucht hinein, und die Aromen springen einen aus dem Fruchtfleisch an, überwältigen die Geschmacksknospen und verbreiten sich im ganzen Kopf. Man glaubt, im Fruchthimmel zu sein.

Was ist Ananas?

Das Wort „Ananas" leitet sich von „naná", der indianischen Bezeichnung der Frucht, ab. Die Ananasstaude ist eine 1 bis 1,5 Meter hohe Pflanze. Die Frucht ist eigentlich ein sogenannter Fruchtverband aus über hundert kleinen Einzelblüten, die häufig von Kolibris bestäubt werden (was sie in meinen Augen, warum auch immer, noch besser schmecken lässt). Eine reife Ananas erkennt man daran, dass sich die grünen Blätter leicht aus der Blätterkrone ziehen lassen. Ananas enthält das Enzym Bromelin, das an der Aufspaltung von Proteinen beteiligt ist. Deshalb ist Ananas ein wunderbarer Fleischzartmacher und eine tolle Marinadenzutat. Allerdings nur, wenn sie mit Bedacht eingesetzt wird, sonst werden die Fleischfasern zu Mus!

Blitzrezept für Ananas-Carpaccio

Ich muss Ihnen unbedingt dieses lächerlich einfache und unglaublich leckere Ananasdessert verraten: Eine Ananas schälen und in so feine Scheiben wie möglich schneiden (falls Sie in der glücklichen Lage sind, eine elektrische Schneidemaschine zu besitzen, verwenden Sie diese). Dann 4 Esslöffel extrafeinen Zucker mit 4 Esslöffeln frisch gehackter Minze in einem Mörser zerstoßen, bis der Zucker minzgrün ist. Die Ananasscheiben überlappend auf Tellern anrichten und mit dem Minzzucker bestreuen. Für 4 Personen als Dessert.

Dazu passt: ein Apfellikör

⑱ New York Cheesecake

Rund um den Globus gibt es Hunderte von Käsekuchenrezepten. Diese Art von Kuchen hat aber auch eine lange Tradition, die bis ins 2. Jahrhundert v. Chr. zurückreicht – zu finden in der Sammlung Catos des Älteren *De Agri Cultura* – und taucht in vielen berühmten alten Kochbüchern auf (siehe gegenüber), verführt die Gestalten der europäischen Literatur und ist auch in Russland, Indien und Italien schon lange belegt.

Niemand wird aber ernsthaft bestreiten, dass die *USA* das Weltzentrum des modernen Käsekuchens sind. Meiner Meinung nach ist der ziemlich üppige und cremige New York Cheesecake der beste von allen. Er ist bestimmt nicht der feinste oder ausgefeilteste Käsekuchen der Welt (die französische Version ist sehr leicht, und die japanische so raffiniert, dass sie fast aussieht, als wäre sie aus Plastik), aber, bei Gott, er ist so lecker! Und wenn Sie ihn einen Tag im Voraus backen, schmeckt er noch besser.

Lindy's and Junior's

Der wahre New York Cheesecake wurde bekannt durch Lindy's Restaurant, eröffnet 1921 am Broadway von Leo „Lindy" Lindemann 1921. Noch heute werden dort Käsekuchen verkauft. Seit 1929 hat das Lindy's aber ordentlich Konkurrenz durch das Junior's Deli. Als es 1981 dort brannte, forderten die Schaulustigen lautstark: „Rettet die Käsekuchen."

Dazu passt: ein Grenache Rosé

 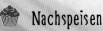

Zutaten

Für 10 Personen

130 g Butter

150 g Butterkekse, fein zerdrückt

1 EL Zucker

900 g Frischkäse

275 g Zucker extrafein

2 EL Weizenmehl

1 TL Vanillearoma

fein abgeriebene Schale von 1 Orange

fein abgeriebene Schale von 1 Zitrone

3 Eier

2 Eigelb

300 g Sahne

Der älteste deutsche Käsekuchen

Das älteste deutschsprachige Rezept für Käsekuchen findet sich wohl in dem Kochbuch *Ein köstlich new Kochbuch* von Anna Wecker aus dem Jahr 1598: „Von aller Gattung Züger nimb welchen du wilt, den zerreib zart, nachmals nimb Eyer und Milchrahm, ein wenig Rosenwasser und Zucker, machs in einen Dortenhafen, wirf Weinbeer darein wann es ein wenig gesotten, so bache es schön nicht zu braun [...] du magst auch wol vom Bodenteig wallen oder welgern und ein zarten Deckel schneiden unnd wann die Dorte gestanden ist, so mache ihn erst darüber und bache es dann oben ab rösch, unden nach dem es bedarf [...]."

Zubereitung

Den Backofen auf 180 °C vorheizen. Einen kleinen Topf bei kleiner Hitze auf den Herd setzen und darin die Butter zerlassen. Den Topf vom Herd nehmen und Kekskrümel und Zucker sorgfältig mit der Butter mischen. Die Masse gleichmäßig auf dem Boden einer 24-cm-Springform andrücken. Im vorgeheizten Ofen 10 Minuten backen. Auf einem Kuchengitter abkühlen lassen.

Die Ofentemperatur auf 200 °C erhöhen. In der Küchenmaschine den Frischkäse cremig rühren. Dann den Zucker einrieseln lassen, das Mehl zufügen und die Mischung glatt rühren. Die Motorleistung erhöhen und Vanillearoma, Orangen- und Zitronenschale zufügen. Eier und Eigelb einzeln einarbeiten. Zuletzt die Sahne unterrühren. Die Masse sollte leicht und locker sein. Falls nötig, noch einige Minuten bei höherer Motorleistung schlagen.

Den Rand der Kuchenform einfetten. Die Käsemasse einfüllen und die Oberfläche glatt streichen. Im vorgeheizten Ofen 15 Minuten backen. Dann die Temperatur auf 100 °C reduzieren und weitere 30 Minuten backen. Den Ofen ausschalten und den Kuchen 2 Stunden darin abkühlen und fest werden lassen. Dann abgedeckt über Nacht im Kühlschrank ruhen lassen.

Den Kuchen aus der Form lösen, in Stücke schneiden und servieren.

⑨⑨ Die beste Käse-platte der Welt

Ich möchte wirklich niemandem zu nahe treten (und ich weiß, dass Käseliebhaber glühende Verfechter der Produkte aus der eigenen Region sind), aber ich habe in meinem Leben eine wahrscheinlich bereits gesundheitsgefährdende Menge Käse gegessen. Also lehne ich mich jetzt mal ganz weit aus dem Fenster und präsentiere die neun besten Käsesorten meines Lebens, und die sind es wirklich wert, nach ihnen zu suchen.

Die allgemeine Regel bei einer Käseplatte ist, dass man mit einer milden Sorte anfangen, sich dann langsam bis zur kräftigsten steigern und schließlich mit einem Blauschimmelkäse schließen sollte. Das ist ganz sinnvoll, denn die Stinker würden die feineren Aromen der milden Käsesorten schlicht niederwalzen. In Frankreich wird Käse häufig nach dem Hauptgang und vor dem Dessert serviert. Bei mir zu Hause gibt es Käse immer als Letztes. Manchmal lasse ich das Dessert ganz weg, um früher mit dem Käse anfangen zu dürfen.

Es gibt keine goldene Regel, wie viele Käsesorten man anbieten sollte. Ich habe hier neun ausgewählt, weil, nun ja, es mein Buch ist und ich gerne Käse esse. Natürlich kann man aber schon mit nur drei Sorten ein wunderbares Käseerlebnis haben. Mein schönstes Erlebnis mit Käse hatte ich in einem italienischen Restaurant. Nach einem wunderbaren Essen mit meiner Frau fragte ich, ob es zum Abschluss noch eine Käseauswahl gebe. Der Kellner verneinte. Als er mein enttäuschtes Gesicht sah, eilte er in die Küche und kam mit einem Parmesanlaib so groß wie unser Tisch zurück. Er gab mir ein Austernmesser (eines der wenigen Instrumente, mit denen man einen ganzen Parmesan knacken kann) und ließ mich mit dem Laib allein. Oh, seliger Augenblick!

Die Mutter aller Käseplatten

Nancy's Hudson Valley Camembert Ein cremiger, mild gereifter, zart schmelzender Kuhmilchkäse. Durch die Reifung wandelt sich sein besonderes Aroma von mild in kräftig. Hudson Valley, Vermont, USA.

Constant Bliss Ein Rohmilchkäse mit sauberem, cremigem Aroma und feiner Pilznote. Die ausgeprägte Milde kontrastiert wunderbar mit der würzig-pikanten Rinde. Greensboro, Vermont, USA.

Humboldt Fog Ein feuchter Ziegenkäse mit wunderbar sauberem, zitronigem Ziegenmilchabgang. McKinleyville, Kalifornien, USA.

Willow Hill Vermont Brebis Ein Camembert-artiger Schafskäse mit Weißschimmelrinde. Sollte so reif wie möglich gegessen werden, dann hat er eine ausgeprägte erdige und pilzige Note. Willow Hill Farm, Vermont, USA.

Vintage Manchego Ich glaube ja immer, dass ein richtig gereifter, alter Manchego, ein Hartkäse aus Schafsmilch, ein eindeutiges Trüffelaroma hat. La Mancha, Spanien.

Grayson Ein halbfester buttriger Kuhmilchkäse, der jung fruchtig-würzig ist, gereift aber ein echter Stinker. Meadow Creek Farms, Virginia, USA.

Keens Cheddar Nicht der kräftigste Cheddar der Welt, aber trotzdem eine gute Ergänzung für jede Käseplatte. Aus unpasteurisierter Kuhmilch hergestellt, ist er mild und nussig, hat aber immer noch eine kräftige säuerliche Note. Somerset, England.

Colston Bassett Stilton Mein Weihnachtsfavorit. Ein reichhaltiger, blau geäderter Kuhmilchkäse. Komplex, aber nicht erschlagend, extrem cremig. Nottinghamshire, England.

Epoisses Es ist ein kräftiger, aromatischer Kuhmilchkäse mit entsprechend tierischer Note und gewaschener Rinde. Kaufen Sie ihn, bevor er die Geschmacksschwelle zu voller Reife überschreitet. Burgund, Frankreich.

Zur Begleitung ...

Quittenmus (dicke, orangebraune Konfitüre aus Quitten, die zu kräftigem Hartkäse wie Manchego passt)

Medjool-Datteln (dick, prall, süß)

gut gekühlte Trauben

die dünnsten Cracker, die man für Geld kaufen kann

feine Apfelspalten (um Käse daraufzulegen, anstelle von Crackern)

Dazu passt: Zu Käse trinke ich am allerliebsten Rotwein, liebe aber auch ganz altmodisch einen guten, alten Portwein dazu.

⑩ Panettone-Pudding

French Toast

Manchmal wird behauptet, der englische Brotpudding sei eine gebackene Version des French Toast. Das ist genauso zutreffend wie die Aussage, dass der weltbeste spanische Pata-Negra-Schinken (siehe Seite 80) die getrocknete Version eines Hackbratens sei. Trotzdem ist French Toast natürlich eine ziemlich leckere Art, so einfache Zutaten wie Brot und Ei zu genießen. Zu Hause nennen wir es „Feenbrot" oder „Zigeunerbrot". Dafür verquirle ich einfach Eier mit etwas Milch und lege die Brotscheiben hinein, bis sie sich vollgesaugt haben. Dann werden die Scheiben in Butter gebraten und mit etwas Honig serviert. Das ist ein Kinderspiel und ein richtig leckeres, etwas anderes Frühstück.

Ich habe immer geglaubt, dass ein Brotpudding eines dieser unverwüstlichen Rezepte ist, die von gestrengen Brotpudding-Sicherheitsagenten vor Übergriffen, Adaptationen oder Weiterentwicklungen geschützt werden. Ich meine, wie viel besser kann ein Dessert werden?

Dann traf ich meine zukünftige Frau, und bald darauf lernte ich auch ihren Brotpudding mit Panettone kennen. Meine kulinarischen Grundfesten bebten. Kurz danach präsentierte sie mir ihren Brotpudding mit Schokoladenpanettone, und mein Leben zersplitterte in Myriaden kulinarischer Scherben, die nur von ihr wieder zusammengesetzt werden konnten. Trage ich zu dick auf?

Brotpudding ist ein leicht gewürzter „Kuchen" aus gebackenem, zuvor in göttlicher Vanillemilch eingeweichtem Brot. In England ist er genauso beliebt wie der legendäre Toffee Pudding. Er ist ein Schul- und Kindergartenklassiker, der es sogar auf die Speisekarten einiger der feinsten Restaurants der Welt geschafft hat.

Das Rezept gegenüber ist super für die Zeit nach Weihnachten, wenn Panettoni herumstehen, so weit das Auge reicht. Achten Sie darauf, wie viel Vanille Sie verwenden. Wenn der Panettone selbst schon stärker aromatisiert ist, kann zu viel Vanille zu viel des Guten sein.

Zutaten

Für 4–6 Personen

180 g Rosinen, Sultaninen oder
gehackte Datteln

4 EL Weinbrand

300 ml Milch

480 ml Sahne

1 Vanillestange, aufgeschlitzt, oder
1 TL Vanillearoma

150 g weiche Butter, plus etwas mehr
zum Einfetten

10 mittelgroße Scheiben Panettone,
vorzugsweise mit Schokolade, oder
Weißbrot, ohne Rinde

4 Eier

170 g Zucker extrafein

Vanilleeis, zum Servieren

Zubereitung

Die Rosinen mit dem Weinbrand in eine Schale geben und
1–2 Stunden quellen lassen. Milch und Sahne mit der
Vanillestange in einem kleinen Topf erhitzen (nicht kochen).
Den Topf vom Herd nehmen und die Milch 30 Minuten ziehen
lassen.

Den Backofen auf 180 °C erhitzen. Eine flache Auflaufform mit
Butter einfetten. Die Panettonescheiben buttern und diagonal
halbieren. Überlappend in die Auflaufform legen. Die Rosinen
abtropfen lassen (dabei den Weinbrand auffangen) und auf
den Brotscheiben verteilen.

Eier und Zucker in einer großen Schüssel verquirlen. Die
Vanillestange aus der Milch nehmen. Die Milch unter die
Eiermasse rühren. Den Weinbrand unterrühren. Diese
Mischung über die Panettonescheiben gießen. Die Scheiben in
die Vanillemilch drücken, damit sie sich vollsaugen. Die Ränder
sollten nicht zu weit aus der Milch ragen.

Im vorgeheizten Ofen 30–40 Minuten backen, bis die
Vanillemilch fest und das Brot goldbraun ist. Warm mit
Vanilleeis servieren.

Dazu passt: ein Pineau des Charentes,
ein Aperitif aus unvergorenem
Traubenmost und Cognac

101. Gericht

Fugu

WARNUNG!

Ich habe mit all den wunderbaren Geschmäckern und Aromen und Texturen, sinnlichen Eindrücken, außergewöhnlichen Erfahrungen und den moralischen wie emotionalen Reisen, die in Essen stecken können, gespielt. Aber unterm Strich gab es wirklich nur ein Gericht, das den Schlusspunkt in diesem Buch setzen könnte. Es ist die dramatischste aller kulinarischen Erfahrungen und der Unvernunft zugleich: Fugu, das Muskelfleisch des tödlichen Kugelfischs. Seine Leber ist tausendmal giftiger als Zyanid. Die geschätzten jährlichen Todesfälle durch Fugu liegen zwischen 0 und 6 (wenn man dem japanischen Gesundheits- und Sozialministerium glauben will) und bis zu 100 (wenn man den eher anekdotischen Berichten glaubt). In Japan ist Fugu eine Delikatesse, die nur in autorisierten Restaurants serviert wird, deren Köche eine Prüfung in der Zubereitung abgelegt haben müssen. Außerdem ist Fugu teuer.

Ich habe Fugu in Tokio gegessen, in einem Restaurant mit Kugelfischbecken im Fenster. Der Koch hatte eine Fugu-Lizenz – ich weiß das, weil ich in die Küche ging und sie mir zeigen ließ. Allerdings hätte er mir aufgrund meiner mangelnden Japanischkenntnisse auch seine Monatskarte zeigen können. Er erklärte mir, was im Fall einer Vergiftung passieren würde: Die Zunge würde taub, und Atemnot trete ein. Ich ging hinaus, um mit meiner Frau zu telefonieren, die mit unserer neugeborenen Tochter zu Hause in London war. Sie wusste, dass ich für das kulinarische Abenteuer lebe, aber bevor ich etwas potenziell Tödliches tat, wollte ich sie fragen. Das Telefon klingelte. Anrufbeantworter. Mist. Ich war auf mich allein gestellt.

Also, wie schmeckt Fugu? Nun, ich habe eine Suppe gegessen, in der Kugelfischflosse schwamm, gefolgt von Fugu-Sashimi. Der Koch wirkte irgendwie nervös, was die Anspannung nicht gerade verminderte. Zuerst trank ich die Suppe, eine feine, saubere Fischbrühe mit Croûtons aus salzigen, knackigen Flossen. Ich hatte Schweißausbrüche und Herzklopfen – ob vom Kugelfischgift oder der feuchten Hitze, weiß ich nicht. Dann die Hauptattraktion: das Sashimi. Es war so dünn geschnitten, dass man hindurchsehen konnte, und schmeckte wie feinster Wolfsbarsch: sauber, rein, mit einem Hauch von Fisch. Normalerweise hätte ich wahrscheinlich gesagt, dass es fast langweilig war, aber mein Herz raste, mein Verstand fuhr Achterbahn, und Mund und Zunge begannen zu prickeln. Ich weiß nicht, ob es das legendäre Fugu-Gefühl (verursacht durch Spuren des Neurotoxins) oder einfach nackte Angst war, was ich erlebte. Sei's drum, ich genoss jede Sekunde. Das nenne ich doch mal ein denkwürdiges Essen!

Worum geht's?

Manche sind der Überzeugung (ich eingeschlossen), dass es beim Essen nicht nur um Geschmack und Nahrung geht, sondern um eine Mischung aus Empfindungen und Gefühlen, dass Geräusche, Angst, Drama und Liebe alle einen deutlichen Einfluss auf das Esserlebnis haben. So kann es sich über die bloße Nahrungsaufnahme hinaus in Begeisterung, Abenteuer und Vergnügen verwandeln. Ich weiß, dass manche das als Quatsch abtun werden und das Theater ums Essen auf gewisse Weise unmoralisch finden. Ich wette aber, dass auch sie einen Geburtstagskuchen, eine Hochzeitstorte oder eine Platte mit Meeresfrüchten, mit Pauken und Trompeten serviert, lieben. Jemand, den ein knallender Champagnerkorken, ein knuspriges Spanferkel, eine Grand Aioli oder einfach ein banales Eis nicht freudig erregt, kann nicht mein Freund werden. ·

Dazu passt: ein edler Sake aus hochpolierten Reiskörnern, und davon reichlich

Warum Fugu so besonders ist

Der Kugelfisch ist ein schlechter Schwimmer. Sein Schwanz ist zu kurz, sein Körper zu dick. Er ist schrecklich langsam und scheint wenig Einfluss auf die Höhe oder Richtung zu haben, in die er schwimmt. Eher taumelt er durchs Wasser. Wenn Sie sein Fischfreund wären, würden Sie sich schämen, mit ihm gesehen zu werden – wenn er nicht die erstaunliche Fähigkeit besäße, sich im Flossenumdrehen zu einer bedrohlichen Kugel aufzupumpen und extrem hohe Mengen des Nervengiftes Tetrodoxin in Leber, Keimdrüsen und Haut zu produzieren, das erst zu Lähmungserscheinungen und dann zum Erstickungstod führt. Bislang gibt es kein Gegenmittel, und der Kugelfisch gilt (nach dem Pfeilgiftfrosch) als das zweitgiftigste Tier der Welt.

REGISTER